U0337029

了不起的精力管理

打败疲惫、焦虑和压力

唐希媛 著

机械工业出版社
CHINA MACHINE PRESS

如果你是一部手机，精力就是你的电池。在这个忙碌又焦躁的时代，大多人都过着电量不足的生活，疲惫、焦虑、压力……每天疲于奔命，试图用最后一格电量完成最耗电的任务。精力水平决定你的生命质量。电量不足，何谈幸福人生。

本书讲述如何科学管理体能、情绪、专注力、目标与热爱这影响精力的四大因素，助你增加电池容量，保证电量充足。本书还着重介绍了精力管理的核心策略，包括如何布局、如何做减法，以及如何通过习惯和模板，以合理分配和节约电量，让有限的电量发挥最大效用。

本书结合国际前沿理论以及作者多年的实践和教学经验，构建了一个科学、全面且实用的精力管理体系，既有一套系统的底层逻辑，亦有简单易上手的方法和清单。本书适合为美好生活努力打拼的你阅读，让你在忙碌的时代，过得精力充沛、游刃有余。

图书在版编目（CIP）数据

了不起的精力管理：打败疲惫、焦虑和压力/唐希媛著.
—北京：机械工业出版社，2023.3（2023.6 重印）
ISBN 978－7－111－72729－3

Ⅰ.①了… Ⅱ.①唐… Ⅲ.①自我管理–通俗读物
Ⅳ.①C912.1－49

中国国家版本馆 CIP 数据核字（2023）第 040027 号

机械工业出版社（北京市百万庄大街 22 号　邮政编码 100037）
策划编辑：曹雅君　　　　　责任编辑：曹雅君　蔡欣欣
责任校对：张昕妍　王明欣　　责任印制：单爱军
北京联兴盛业印刷股份有限公司印刷

2023 年 6 月第 1 版第 2 次印刷
148mm×210mm・8.25 印张・1 插页・162 千字
标准书号：ISBN 978－7－111－72729－3
定价：69.00 元

电话服务　　　　　　　　　　网络服务
客服电话：010-88361066　　　机　工　官　网：www.cmpbook.com
　　　　　010-88379833　　　机　工　官　博：weibo.com/cmp1952
　　　　　010-68326294　　　金　书　网：www.golden-book.com
封底无防伪标均为盗版　　机工教育服务网：www.cmpedu.com

序

2012 年 7 月 21 日，北京下了一场 61 年不遇的大暴雨。那是我毕业后第一年上班，当时还是一个小助理。因为暴雨，老板当天的飞机晚点了 18 个小时，凌晨 5 点才落地机场。我以为他会让我帮他推迟一些工作安排，结果早上 8 点，他神采飞扬、清爽得体地出现在办公室，重要的工作一项没耽误。而我呢，因为夜里帮老板联系司机少睡了几个钟头，早上灰头土脸、顶着熊猫眼去上班，一整天都处于神游的状态。那时候，老板 53 岁，而我只有 23 岁。我被震撼到了，我的精力有这么差？

我第一次意识到，人跟人的精力差距能有这么大。以前一直以为年轻人的精力一定比中老年人的精力好，但是现实给了我一巴掌，原来精力管理可以打败一个人的年龄。

我相信不同的结果背后一定有不一样的行为，于是我去观察我的老板，观察他吃什么，如何安排运动，怎样安排工作。我经常看见他中午只吃一个自己带的三明治，而且是非常简单的三明治，两片面包加一片火腿、几片西红柿和菜叶。后来机缘巧合，跟他的家人一起吃晚饭，我发现他很喜欢吃中国的水饺，但也只吃了几个就停下来。我问这是为什么，他说他坚持"Big breakfast, small lunch, small dinner"，也就是早饭吃得丰盛一些，午饭少吃一点儿，晚饭少吃一点儿。他非常重视运动，即使出差也去健身房，如果实在没条件，也坚持晚上去散步。我还发现他每天上班都特别规律，早上 7:30 准时到办公室学中文，9:30 之前一般不开会，11:30 准时吃午饭。当时我以为他只是坚持在固定的时间做固定的事情，后来我在精力管理领域积累多年才意识到，他其实是保持了非常好的内在规律，让大脑有了"仪式感"，做什么事情都特别容易进入专注状态。因为内在规律非常稳定，外在的事情，比如项目节点、环境压力等，几乎很难影响到他。除了观察我的老板，我还买了一些脑科学、专注力、精力提升的书籍和视频研究。回头看，我当时的老板，算是我在精力管理路上的"启蒙人"。

后来，我一边工作一边准备出国留学，那段时间，我算是把学到的时间和精力管理的知识用到了极致。比如，为了早上快速清醒，我经常一边做平板支撑一边背单词；别人中午闲聊的时候，我找个会议室赶紧睡一会儿；别人下午打盹儿摸鱼的时候，我去楼梯间爬几层楼梯让自己恢复清醒……这个时期我切切实实享受到了精力管理的好处，一天做的事情抵得上以前的两天。我花了半年的时间，考完了托福和 GRE，拿到了美国学校的录取通知书。

然而，到了美国，不出半个月，我就经历了一场让我的身体和心灵全面崩塌的车祸。当我从医院醒来，发现自己除了身体上无尽的疼痛，还有一系列后遗症——脊柱错位、胸骨错位、内分泌系统失调，即使咬牙忍着疼痛，最多也只能走 2000 步。更可怕的是精神世界的崩塌，想到自己还这么年轻，以后不能剧烈运动，不能走太多路，不能去爬山，甚至余生要坐在轮椅上，想象到别人同情的目光就无比恐惧。我好像是一个装满负面情绪的垃圾桶，给整个世界都蒙上一层悲观的滤镜。我第一次知道，原来梦里是会流泪的，因为早上醒来的时候，我的枕头都是湿的。那时候抗压能力也是很弱的，记得当时临近期末考试，家里也有些事情让我不开心，我还面临着巨大的经济压力，一周去五次医院，钱都花在了医药费上，下学期的学费没有着落，我觉得自己的华尔街投行梦破灭了。那段时间，我本来睡得好好的，然后半夜突然胃不舒服开始呕吐，我当时以为自己白天吃了不好消化的东西，后来看了医生才知道，是压力太大、情绪太满导致的肠胃消化问题。那段时间专注力也明显下降，以前能够专注90分钟，当时只能专注30分钟。我觉得自己只是勉强挣扎着生存，整个人疲惫不堪，精力状态跌到了低谷。

福祸相依，虽然过程痛苦，但是在整个身体康复的过程中，我很幸运地没做任何手术，体验了多种不同派别的疗法，这让我对许多前沿的医疗方法产生兴趣。那时候我才知道，原来生病后除了吃药、打针和手术，还有其他更有效的方式。那个时候我对这些医学和身体康复几乎着迷，见了非常多这个领域里的大师级人物。除了身体上的创伤，心理的创伤也要疗愈，我去看了很多心理医生，后来干脆自己学习，拿到了一些心理学方面的证书，比如美国 ABNLP 认证高级执行师、美国 ABH 认证催眠治疗师等。这个时期我意识到，原来精力不仅仅跟身体情况有关，跟自己的心理情况也有很大的关系。我对精力管理的理解跟以前考 GRE 的时候又不一样了。我现在的精力管理课程，并不局限于提升体能精力，加入了很多心理学、医学上的知识，这跟这段自我疗愈的过程是分不开的。

现在的我，身体已经康复，精力水平比遭遇车祸之前还好。最近这段时间，一天里直播、讲课、写书、个案咨询加起来的时间，经常超过 10 个小时，我还要兼顾家里的装修、开会、跟学员沟通等，可是一天结束，我并不觉得有多辛苦，状态一直在线。当然，我的生活也不仅仅只有工作，前阵子还抽空出去游玩了几天。别人问我，你怎么 1 天活出别人的 3 天？我说，我只是比别人更会管理精力。

从 2019 年被朋友催着开课，到现在已经开了 4 年精力管理课程，帮助过几千名学员提升精力管理水平，中间也给企业员工做过定制化精力管理培训。每当有学员跟我说自己的喜人变化，都会给我无尽的滋养，鼓励着我在精力管理领域持续深耕。做教练的这几年，我发现虽然学员们遇到的问题看似多种多样，但背后的根源大多离不开精力这个底层问题。尤其是从澳大利亚回国的这一年，眼见着大家的生活节奏变得异常快，被各种角色压得喘不过气。我们能不能在高压和快节奏的生活之下保持身体健康和一定的心理韧性，能不能和自己独处，能不能照顾好家人，甚至安抚你崩溃的闺蜜，这一切都跟精力息息相关。我希望通过这本书，能够帮助更多人了解精力管理，知道如何管理自己的精力。我结合国际前沿理论，以及自己多年的亲身经验和教学经验，对我原有的知识体系做了进一步整理加工。我希望这本书能让更多的人知道在人生这条路上，如何给自己及时加油以及适度保养，让自己更好地适配各种各样的赛道，扮演好各种角色。

这本书适合忙于为生活、工作打拼的你，希望它可以给你一些思路和方法，让自己能喘口气。同时适合对自己有要求、对生活有期待、不断奋进的你，希望它可以助你精力满满，过上自己想要的人生。

目 录

Great
Energy
Management

了不起的精力管
理：打败疲惫、
焦虑和压力

第 1 章
你的精力亮起了什么灯

1.1　你的精力水平如何

总结做精力管理教练这些年的经验，学员刚来找我的时候无非面临下面几种情况：

学员 A：白天忙完一天，感觉自己的"电量"只剩 20%，回到家就只想瘫在沙发上。孩子让我讲绘本，刚讲一会儿就犯困，我开始糊弄孩子："妈妈累了，明天再给你多读两本。"等孩子睡了，自己刷微博、看剧，越看越不想睡，舍不得这专属于自己的自由时光。睡得晚，第二天当然精力不足，如此循环往复，答应孩子的绘本永远在"明天"，对孩子积攒的愧疚越来越多。我的睡眠也时好时坏，入睡前思绪乱飞，好不容易睡着了，脑子停不下来，半梦半醒。早上早醒，常常 4 点多就睡不着了，起来吧，身体疲惫不愿意起，不起来吧，干躺着又睡不着，等到六七点钟，有了困意，可惜也该起床上班了。每天早上醒来都只有半格电，感觉自己一大早就输在了起跑线上。也曾试着去运动，但是每次都是三分钟热度，运动装备都买了全套，人却坚持不下去。工作压力大的时候，还会暴饮暴食，体重不受控制。感觉自己陷入了一个怪圈里面，走不出来。

学员 B：我是一个创业者，最大的问题是情绪不稳定。赶上心情低落了，整个人就"躺平"，工作室都不去，就窝在家里看电视剧或者打麻将。我就像一辆特别容易抛锚的车，不知道什么时候就停在了半路上。在工作中很容易跟甲方翻脸，觉得自己辞职创业就是为了不看别人的脸色，都自己当老板了凭什么要忍？当然，跟家人的关系，也是易燃易爆炸的模式，说不定哪天就对孩子大吼一顿，家庭关系很紧张。

学员 C：我是一个二宝妈妈，在互联网公司工作，加班是常态。老公更忙，一周工作 6 天，每天夜里 11 点后才下班，工作时电话、微信都联系不上。小宝两岁半，正是黏爸妈的时候；大宝 10 岁，正是需要关心和交流，学习也需要加把劲儿的时候，没有老人可以长期帮忙。我感觉自己一个人要掰成几瓣才够用。我一直处于一种疲于奔命的状态，越来越难以专注做事，工作的时候想着孩子，在家陪孩子的时候忍不住看工作群，效率越来越低。

学员 D：刚入职的前几年，总有使不完的劲儿，熬夜加班，不知疲惫。我最长的纪录，是全公司著名的连续工作 26 小时，最后被请回家。不眠不休地工作给我带来了飞速的职场发展。然而，等我生了小孩儿，再加上职场上连升好几级，挑战越来越大，整个人的精力处于捉襟见肘的状态，内心充满了焦虑和压力，这些压力也给我的亲密关系带来了前所未有的压力，职场、家庭都陷入了困境。

学员 E：我刚开始创业，什么事情都需要自己操心，每天从早上醒来就开始了无边无际的忙碌，一天工作十几个小时是家常便饭。我很担心自己创业还没成功，身体先顶不住了，偶尔看着自己日渐稀少的头发会很焦虑。

这些情况你也有吗？本该高效工作的时间犯困、没精神；陪孩子没时间，但是看手机却越看越精神；专注力越来越差，看短视频停不下来，看长视频就没了耐心；作息紊乱，夜里睡不着，早上醒不来，多梦易醒；情绪不稳定，易失控且易焦虑，事业家庭难兼顾，甚至感觉生活没什么奔头。

其实，这些都是精力不足的表现。在这个忙碌又焦躁的时代，"精力"成为日渐稀缺的资源。

什么是精力

精力，是一个人享受工作或者休闲时光的能力，也可以指对生活充满热情与活力的感觉。

如果把自己比作一部手机，精力就是你的电池；如果比作一辆汽车，精力就是你的油箱。当你的电量越足，油量越满，才有能量去高效完成任务，更好地工作和生活。你可以观察身边的人，那些工作顺利、家庭幸福的人，往往都是精力充沛、活力满满的。然而，当你走在大街上，观察来来往往的行人，从容自若、眼里有光的人是少数，而行色匆匆、神情淡漠，或疲惫不堪、无精打采的人却占了大多数。

你的精力水平是否亮起了红灯

为什么有的人神采奕奕，有的人却无精打采呢？如何衡量一个人的精力水平？我用"精力红绿灯"来衡量，它代表着你是否还有足够的可支配精力。

我们从精力的"供给—需求"来分析。当精力的供给小于需求，你大概会处于"疲于奔命"或者"捉襟见肘"的状态，具体可能会表现为，早上醒来还是疲惫，不能很好地控制情绪，对什么事情都提不起兴趣，比平时更容易生气，耐心不足，甚至直接生病，很多事情难以兼顾。这都代表你的可支配精力亮起了红灯。它在提示你，该停下来好好休息或者提升精力水平了。

谁的精力最容易亮红灯呢？正常情况下，人在 25 岁到 30 岁，精力供给达到巅峰，然后开始走下坡路。但是，过了 30 岁，大多数人的人生角色和责任却在不断增多，比如结婚生子、工作升职、照顾父母等，这意味着你的精力需求在不断增加，势必造成了精力供给和需求的不平衡。所以，中年人最容易亮起精力红灯。很多人为了满足工作需要，牺牲陪伴家人的时光，牺牲健康。我们所说的"中年危机"，归根结底离不开"精力危机"。还有很多职场女性，在生完孩子后也很容易崩溃，因为孩子的到来，打破了原来的精力供需平衡。当然，还有一类人，精力也容易亮红灯，这就是"有野心"的人，比如创业者，比如对未来充满期待的你。如果你期待自己能够学更多的知识，做更多的事，有更丰富的生命体验，那么你势必会有更高的精力需求，因此你需要更高水平的精力管理能力来匹配你的野心。

如果你的精力供给和支出基本持平，此时你的精力状态是黄灯，这种状态在提示你，该踩刹车了。

如果你的精力供给大于需求，此时会感觉能量满满，乐观积极，专注而高效。恭喜你，多出来的精力可以用于你想要的各个领域，无论是兴趣爱好，还是健身，家庭或者事业，你的精力指示牌都一路绿灯，畅通无阻。

那么，你觉得自己现在的精力，亮的是什么灯呢？

1.2　测试你的精力管理水平

你如果观察那些企业家、精英人士，会发现他们大多精力旺盛，难道是天生如此？我们不排除有基因的因素，但大多是刻意管理的结果。钟南山院士 84 岁时还能站在抗击新冠疫情的第一线。钟院士的精力水平，离不开几十年如一日的运动、饮食，以及对心态、习惯等的管理。

事实上，大多企业家都有自己的私人精力管理教练（或者健康管理顾问）。一位长期举办体育赛事的朋友说，参加马拉松、铁人三项等比赛的，大多为企业中高管。因为他们都明白，"世界上所有的工作，干到最后都是拼精力。"他们即使工作再忙，也要见缝插针地提升精力。

如何管理精力呢？首先我们要管理好影响精力的几个基本因素——体能、情绪、专注力、目标与热爱。

体能——体能是精力的基石，是我们的电池总容量，包括先天体能精力和后天体能精力。先天的体能精力跟遗传相关，无法改变，而后天的体能精力可以人为改变，可以从饮食、运动、睡眠和呼吸这几个方面调整，来增大我们的电池容量。

情绪——你可能每天都面对着堆积如山的工作，你会感到压力巨大，你会因为一点小事儿和伴侣吵架生气，或者因为孩子教育或学区房而焦虑，这些都是巨大的精力出口。

专注力——你的注意力在哪儿，结果就在哪儿。然而如果太多事情分散了你的专注力，会导致你的精力无法集中在重要的事情上。因此，提升专注力也是精力管理的重要方面。

目标与热爱——当你拥有了目标，当你沉浸到热爱中，它们会自带动力，给你的精力加分。

除了体能、情绪、专注力以及目标和热爱等基本因素，如何分配精力也至关重要。让有限的精力产出最大化，也是精力管理中的重要组成部分。因此，本书的第二部分会着重讲述精力管理的核心策略，包括如何布局、如何做减法，以及如何通过习惯和模板等，帮我们合理投放精力资产，产生更高的收益。

那么，现在你的精力水平如何呢？欢迎完成以下测试，看看自己优势在哪里，以及哪里需要提升，带着问题开始这本书后面的阅读。

我的精力管理水平测试

1. 体能

A. 我经常感到疲惫不堪，甚至很多时候睡醒了也不解乏

B. 偶尔觉得疲惫，状态基本稳定

C. 睡醒了还是觉得有点累的情况，一年少于 5 次

D. 基本不会感到疲惫，每天都能量满满

2. 情绪

A. 经常崩溃，脾气暴躁，尤其是压力大的时候

B. 情绪基本稳定，偶尔会控制不住自己

C. 内心相对平和，对外界有一定的包容度

D. 可以让情绪很好地释放和表达，能积极地调节自己的情绪

E. 大多数时间心情愉悦，可以包容周围人的负面情绪并给予正面积极的反馈

3. 专注力

A. 很难专注，经常走神儿，做事效率低下

B. 靠番茄钟可以专注 25 分钟左右

C. 不借助外力每天可以累计专注 2.5 小时左右

D. 经常可以进入心流状态

4. 精力内耗指数

A. 经常进行自我否定、批评，对自己有很多不满意的地方，非常不自信

B. 对自己有一些不接纳，自我对话有时消极，有一些自我设限，不敢逃离舒适圈

C. 带着自我怀疑积极地行动，没有太多的内耗和自我设限

D. 对自己的接纳度非常高，勇于尝试，乐观积极地面对生活，自我对话积极

5. 抗压能力

A. 经常感到压力，并且压力来了会焦虑，想要拖延

B. 压力来了可以撸起袖子干，不过和压力共处的方式是暴饮暴食

C. 可以察觉到压力，有意识地主动给自己减压、放松

D. 可以愉快地和压力共处，压力来了能量满满，开启超人模式

1 ~ 5 题选择 A、B、C、D、E 选项分别得分 0、1、2、3、4 分，总计 16 分。

我的得分为_____

6. 精力计划能力

A. 每天被推着走，毫无计划

B. 有做计划的理念，坚持得并不理想

C. 能坚持做计划，50% 以上按照计划实行

D. 通过做计划对自己的时间和精力了如指掌

7. 精力投资

A. 对自己的精力没有太多的投资概念，也没有很珍惜

B. 有意识地保护自己的高精力时段，但还是经常被外界打扰

C. 基本能在高精力时段完成自己最重要的"三只青蛙"

D. 可以在必要的时候调节自己的精力状态以配合自己的生活需求

8. 精力投资原则

A. 对人生没有什么规划和思考，每年没有目标设定

B. 每年有一个目标设定，不过容易半途而废

C. 有一定的规划和优先级排序，其中的大部分都能顺利
   执行

D. 对人生有规划，有优先级排序，可以进行取舍选择

9. 热爱

A. 从小就很听话，但是没有太多自己的想法和尝试

B. 对自己有一些察觉，正在探索自己的爱好

C. 有自己的兴趣爱好，可以从中滋养自己

D. 自己的工作就是自己的爱好，幸福满满

10. 心力测试

A. 遇到困难、挫折容易放弃，想要逃避

B. 遇到阻力的时候容易胡思乱想，最后逼着自己也可以解
   决部分问题

C. 遇到困难会有一些情绪波动，基本可以理性地想办法调
   整策略解决

D. 遇到困难可以乐观积极地面对，不会有太大的情绪波
   动，勇于拥抱变化和不确定性

6~10 题选择 A、B、C、D 选项分别得分 0、2、3、4 分，
总计 20 分。

我的得分是_____

11．精力习惯

1）我能做到规律饮食，并坚持七分饱。

    A. 完全不符合　　　　B. 不符合　　　　C. 一般

    D. 基本符合　　　　E. 完全符合

2）我在吃饭时细嚼慢咽，不暴饮暴食。

    A. 完全不符合　　　　B. 不符合　　　　C. 一般

    D. 基本符合　　　　E. 完全符合

3）我大部分时间能做到健康饮食，不吃垃圾食品。

    A. 完全不符合　　　　B. 不符合　　　　C. 一般

    D. 基本符合　　　　E. 完全符合

4）我每天有足够的饮水量。

    A. 完全不符合　　　　B. 不符合　　　　C. 一般

    D. 基本符合　　　　E. 完全符合

5）我每天的基本睡眠时间是固定的。

    A. 完全不符合　　　　B. 不符合　　　　C. 一般

    D. 基本符合　　　　E. 完全符合

6）我很容易入睡，基本不失眠。

    A. 完全不符合　　　　B. 不符合　　　　C. 一般

    D. 基本符合　　　　E. 完全符合

7）我每天能保证 7 小时或者以上的睡眠。

    A. 完全不符合　　　　B. 不符合　　　　C. 一般

    D. 基本符合　　　　E. 完全符合

8）我一觉醒来感觉精神饱满。

　　A. 完全不符合　　　　B. 不符合　　　　C. 一般

　　D. 基本符合　　　　E. 完全符合

第 11 题选择 A、B、C、D、E 得分分别为 0、1、2、3、4，总计 32 分。

我的得分＿＿＿＿＿＿

12. 做减法

1）家中物品过度囤积，有很多东西都过期了或者用不上。

　　A. 完全不符合　　　　B. 不符合　　　　C. 一般

　　D. 基本符合　　　　E. 完全符合

2）经常在买东西的时候犹豫不决，属于纠结症患者。

　　A. 完全不符合　　　　B. 不符合　　　　C. 一般

　　D. 基本符合　　　　E. 完全符合

3）基本理性消费，不过有一些物品自己并不需要，也不舍得处理。

　　A. 完全不符合　　　　B. 不符合　　　　C. 一般

　　D. 基本符合　　　　E. 完全符合

4）家里的物品基本都不是自己喜欢的，也有很多是不需要的。

　　A. 完全不符合　　　　B. 不符合　　　　C. 一般

　　D. 基本符合　　　　E. 完全符合

5）不会拒绝别人，外界对自己的评价会产生很大的影响。

　　A. 完全不符合　　　　B. 不符合　　　　C. 一般

D. 基本符合　　　　　E. 完全符合

6) 很多事情总是想得太多, 缺乏行动力。

A. 完全不符合　　　　B. 不符合　　　　C. 一般

D. 基本符合　　　　　E. 完全符合

7) 为了迎合别人的期待做了自己不想做的事, 习惯了委屈自己。

A. 完全不符合　　　　B. 不符合　　　　C. 一般

D. 基本符合　　　　　E. 完全符合

8) 知道自己想要什么样的人生, 也敢于为自己想要的目标努力奋斗, 懂取舍。

A. 完全符合　　　　　B. 基本符合　　　　C. 一般

D. 不符合　　　　　　Ⅰ. 完全不符合

第 12 题选择 A、B、C、D、E 选项分别得分 3、2、1、0、-1 分, 总计 24 分。

我的得分＿＿＿＿＿＿

13. 精力模板

1) 工作和生活中我准备了很多清单表格来提升效率, 积累经验。例如饮食、运动清单, 工作中常用的邮件回复模板等。

A. 完全不符合　　　　B. 不符合　　　　C. 一般

D. 基本符合　　　　　E. 完全符合

2) 我有很多重要的原则帮助我做取舍选择, 很多事情自己有一套决策机制。

A. 完全不符合　　　B. 不符合　　　C. 一般

D. 基本符合　　　E. 完全符合

3）平时有意识地积累自己的模型，并不断优化提升，知道模型的重要性。

A. 完全不符合　　　B. 不符合　　　C. 一般

D. 基本符合　　　E. 完全符合

第 13 题选择 A、B、C、D、E 选项分别得分 0、1、2、3、4 分，总计 12 分。

我的得分_____

满分 104 分

【50 分及以下】精力红灯，精力不足，非常建议你系统学习精力管理。

【51～70 分】精力黄灯，生活电量偶尔不足，建议学习，系统提升精力管理水平。

【71～90 分】精力绿灯，代表精力水平还不错，生活满意度尚可，有优化的空间。

【91 分及以上】基本是精力管理大师级别的水平，可以持续保持，好好践行。

本章小结

精力指一个人享受工作或者休闲时光的能力，也可以指对生活充满热情与活力的感觉。精力相当于手机的电池、汽车的油箱。电量越足，油量越满，你才有能量去更好地工作和生活。

1. 自然状态下，人在 25 岁到 30 岁精力供给达到巅峰，然后开始走下坡路。但是，过了 30 岁，大多数人的精力出口却在增加。当供给小于需求，精力就亮起了红灯。

2. 管理精力，我们首先要管理好影响精力的几个基本因素——体能、情绪、专注力、目标与热爱。除此之外，如何分配和投资精力也至关重要。

Great
Energy
Management

了不起的精力管
理：打败疲惫、
焦虑和压力

第 2 章
精力管理之体能篇

2.1　体能是精力管理的基石

身体是精力的载体，如果不重视体能，精力管理就像大树没有了树根，看似高大，实则一遇风雨就会栽倒；就像大楼没有夯实根基，一遇到极端状况就会坍塌。

然而，很多人却把身体放在了最后一位。年轻的时候不在意身体，我是可以理解的，因为这时候体能最好，大多数人并不会感受到体能的制约。但一旦过了 25～30 岁的巅峰期，如果不刻意练习，随着代谢减慢，肌肉流失，记忆力下降，再伴随精力出口的增多，我们就可能体会到体能不足带来的种种问题。有个学员跟我说，为什么现在就不能像上学的时候一样一鼓作气，连续熬几天就能考个不错的成绩？现在年过 30 的自己，备考时总有一种心有余而力不足的感觉。我告诉她，是体能不足了，她才恍然大悟，原来自己已经不是那个 20 多岁能连续熬几夜的年轻人。

这些症状你有吗

很多上班族都已经有了体能精力不足的表现，比如有些人会表现为"体弱多病"，平时总是一副疲倦的、无精打采的样子，如果赶上流感，一定是最早"中招"的那一批人。生病期间，即使拖着疲惫的身躯坚持工作，也不能保证效率。所谓"病来如山倒，病去如抽丝"，即使病好了，精力也需要好几天才能恢复。

还有不少人经常出现肠胃问题。大家常说，没有什么是吃一顿火锅解决不了的，如果有就来两顿。工作压力大时，很多人的应对方式就是暴饮暴食，且大多"无辣不欢"，因为"辣"是一个最小的刺激循环，产生让你感觉到"爽"的荷尔蒙。但是长期如此，肠胃负担重，肥胖、皮肤长痘、便秘等问题层出不穷。

当然，失眠更是现代都市人不可忽视的问题。可能很多人都经历过，工作一天很累了，但是晚上就是睡不着，大脑停不下来，需要借助外界的东西来转移注意力，比如看剧、刷抖音，刷一两个小时才能让自己的大脑进入瞌睡状态。还有些人严重失眠，翻来覆去无法入睡。长期失眠带来了神经紧张、焦虑、免疫力低下等一系列问题。

还有一种大家没太注意的"病"，我称之为"假期病"。记得刚工作的那几年，有一次我手里有个大项目，连续加班了十几天，经常熬夜到两三点钟。等我经过漫长的努力，好不容易完成了这个项目，正好赶上了国庆节假期，准备好好策划一下，出去好好放松几天。结果，假期第一天，病从天降，我开始拉肚子，旅行计划就此泡汤了。当时我以为是巧合，后来发现，这不是偶然事件，因为这种情况出现了好几次，都是努力冲刺一段时间后，一遇上假期或者休息，我要么拉肚子，要么感冒，还没空想一想"诗和远方"，身体就撑不住了。后来研究精力管理我才知道，其实这种"假期病"多数是由过度疲惫引起的。在你生病之前，身体已经给过你信号，请求你停下来休息，但是由于你忙于工作，没听懂它的信号，导致了最后的崩溃。这类人一般意志力都比较强，凭着自己强大的意志力和决心去强撑，但是一旦目标完成了，环境允许你放松了，身体里积累的疲惫和症状就会爆发出来。

在快节奏的今天，很多人都处于亚健康的状态，拖着疲惫的身躯在各行各业拼命。偶尔我们还会听到一些因为长时间加班而突然死亡的事例，令人心痛不已。

去 ICU 看看

即便如此，太多人还是会忽略我们的身体。因为身体的存在，就像空气和时间一样，几乎没有任何成本。每天睁开眼睛就有空气，有自动充值的时间，身体已经准备好陪伴你完成这一天的大小事务，我们把这一切都当作理所当然。然而身体是一切的基础，你的体能、精力相当于大树的树根，承载着你的情绪和思维，也是你生命状态的呈现。我们很难在身体极差的情况下有好的心情。有些人知道要好好照顾自己，却做不到。理由大多是太忙了、没时间等。然而你做不到的真正原因，只是觉得这件事不重要，得来的太容易，而失去的代价又没有看到。我也是一样，以前觉得自己年轻，真是熬夜的一把好手。

直到车祸之后经历了几年身体不健康的日子，才认识到健康的重要性。

在高鸿鹏老师的课上有一个作业，要求我们去医院的 ICU（重症加强护理病房）看看。去了的同学回来之后都表示对自己的身体更加重视了。我这几年身体越来越好了，中间有段时间也有点"飘"，觉得夏天和啤酒烤串更配，吃得杂，睡得也晚。记得有一次要去医院做核酸检测，刚好被安排到了急诊大楼的一个诊室里面，穿过长长的走廊，一路上看见各种各样的病人，真是心惊胆战，勾起我以前看病穿梭在医院的回忆，让我神经又一紧，之后我就"老实"了，重新好好照顾身体。

体能是树根，承载着生命这棵大树的成长，好好照顾自己，就是给这棵大树输送养分，只有根越来越发达，大树才会越来越枝繁叶茂。我们要的事业、家庭、财富、子女，都是生命这棵大树的枝叶或果实。只有养好树根，供给好养分，才是根本。好好吃，好好睡，好好运动，关照身体，热爱身体，就是为我们生命之树供给养分的方式。

2.2　怎么吃才健康、不胖又精神

我对饮食的关注起源于刚刚工作时对我的老板 Dougles·E. Dowen 的观察。他每天中午只吃一个小小的三明治，即使最爱的饺子，也只吃几个。当时五十多岁的他精力比我还要好，这引起我的极大好奇，开始研究饮食和精力的关系。

饮食与精力

饮食是如何影响精力的呢？不知道你是否留意过，本来吃饭前精力状态还不错，但是吃过饭之后，很容易犯困，有人说中午饭后容易犯困，其实早上和晚上饭后也会犯困。如果你再细心一点会发现，不是吃所有的东西都犯困，而是吃得多或者吃了某些特定的食物更容易犯困。为什么呢？

这里就不得不提一下血糖和精力的关系。若想保持高精力值，就必然要保持相对稳定的血糖水平。血糖低的时候，也就是我们饿得头晕目眩的时候，自然是没精力好好干活的。那血糖过高的时候呢？血糖快速飙升，就会导致胰岛素加速分泌，使色氨酸进入大脑，而色氨酸是合成褪黑素的原料。现在大家都知道，失眠的人可能会补充褪黑素促进睡眠，那么褪黑素的分泌增加，自然就会令人犯困。再加上饭后胃部消化食物需要消耗更多氧气，大脑供氧减少，让人更容易犯困。这是从短期看饮食对精力的影响。长期来看，"you are what you eat"（人如其食），你吃的食物中的营养素构成了身体的细胞、组织和器官，并维持它们的正常运转。长期用垃圾食物还是健康有营养的食物喂养你的身体，必然导致你的精力水平有巨大差别。

食物营养素

我们具体要吃什么呢？首先了解什么是营养素。营养素是指为了维持生存、生长发育、体力活动和健康，以食物的形式摄入的一些身体需要的物质。简单来说，就是碳水化合物、脂肪、蛋白质、维生素、矿物质和水。其中，碳水化合物、脂肪和蛋白质是三大基础产能营养素，维生素、矿物质和水虽然不提供能量，但对身体的生理活动和健康也起到不可或缺的作用。

随着人们对"肥胖"和"健康"的关注，大部分人对饮食都有了一些了解，朋友圈中也经常流传一些饮食方案，但是这些方案之间似乎总有一些相悖之处，尤其是提到碳水化合物和脂肪这两种营养素的时候，争议特别多。

很多人"谈碳水化合物色变"，认为吃碳水易肥胖、衰老，容易导致高血压和糖尿病等疾病。其实这些人混淆了复合碳水化合物和简单碳水化合物。复合碳水化合物多存在于蔬菜、粗粮中，相对于简单碳水化合物，分解为单糖进入血液的时间更长，因此更健康。简单碳水化合物多为精制食物，如精白面粉。种子本身含有种皮、胚和胚乳等结构，但经过深加工，种皮和胚都被去除，只剩下胚乳部分，也就是纤维素、多种维生素和矿物质等营养成分都被去掉，精白面粉中只剩下高能量、低营养的胚乳。所以，我们不是不吃碳水化合物，而是多吃一些粗粮、蔬菜等富含复合碳水化合物的食物，少吃精致碳水化合物。我们平时可以多用粗粮代替部分精白米面，增加复合碳水化合物的摄入。常见的粗粮有一些全谷物类，如小米、玉米、高粱、燕麦、荞麦、黑米、红米等；还有一些根茎类，如土豆、芋头、山药、红薯等。

提到脂肪，人们对它就更没什么好感了。但脂肪的存在对人体有重要作用：脂肪可以保护皮肤，避免皮肤过度干燥，帮助身体吸收维生素，24 小时做你的能量燃料，强化脑力等。世界卫生组织和《中国居民膳食指南》建议，脂肪摄入量应占饮食总热量的 30%。

但脂肪与脂肪也不一样。脂肪由脂肪酸构成，脂肪酸又分为饱和脂肪酸和不饱和脂肪酸。其中，不饱和脂肪酸是我们身体的好朋友。比如 Omega-3 脂肪酸可以保护我们远离心脏病，防止老年痴呆症，提升大脑的效能。但我们要限制饱和脂肪酸的摄入，因为很多疾病都是由饱和脂肪摄入量过高引起的。但是要注意，我说的是"限制"，而非完全禁止。事实上，含碳量低于 10 的饱和脂肪酸基本上都能被人体利用，不但不会对人体健康构成威胁，还对维护人体健康起到必不可少的作用，比如丁酸对结肠和其他肠道平滑肌运动有显著影响，可促进肠道蠕动。

此外，我们要严格控制反式脂肪酸的摄入。反式脂肪酸也被称为部分氢化油脂，是经过加工的多聚不饱和植物油。反式脂肪酸没有天然成分，对人体毫无益处，不仅不会被肌体所识别，而且进入体内后极难代谢出去。反式脂肪酸常存在于人造奶油、植物起酥油、速食品等加工食品中，我们尽量少食用。

哪些食物中含有反式脂肪酸呢？薯片、蛋黄酱、糖果、沙拉酱、人造奶油蛋糕、炸薯条、曲奇饼干等。目前食品包装法要求，反式脂肪酸必须标注在包装上，大家购买时要注意反式脂肪酸的含量。

吃什么

了解了营养素，我们来具体谈一谈应该吃什么的问题。为了保证精力水平，建议吃低升糖指数（GI）的食物。什么是升糖指数呢？它是指糖进入血液的速度或者餐后血糖上升快慢的一个指标。GI 值越高，血糖升高得越快。当你吃太多高 GI 的食物，血液里会快速释放出大量的葡萄糖，伴随着葡萄糖的释放，你会变得困倦。同时，当血液中葡萄糖的浓度过高时，它会先跑去大脑和肌肉，如果我们肌肉不够多，葡萄糖消耗不完，就直接转换成了脂肪。当我们吃低 GI 的食物，葡萄糖释放缓慢，更易保持血糖的稳定，因此更能保证精力水平。

常见食物的 GI 值

低（≤ 55）：豆类、豆腐、花生、绿色蔬菜、多数海鲜和肉类、牛奶、苹果、梨、橙子、坚果、纯酸奶等。

中（56 ~ 69）：意大利面、糙米、马铃薯、栗子、燕麦片、汉堡、燕麦面包、葡萄干等。

高（≥70）：绵白糖、炼乳、白米饭、馒头、白面包、小蛋糕、薯片、华夫饼干、功能性饮料、西瓜等。⊖

怎么吃

知道了"吃什么"，下面我们来说一下"怎么吃"的问题。

⊖《中国食物成分表（标准版第 6 版第 1 册）》，杨月欣，北京大学医学出版社，2018 年。

很多人中午吃完饭会觉得困、没有精神、注意力难以集中，其实是吃的不对。80％的人饮食量都大大超出身体所需。那具体该如何吃呢，给出以下几个建议。

1. 细嚼慢咽

我们都知道要少吃，可是不知不觉就吃过量了，如果严格控制摄入量，还会感觉很痛苦，那么如何吃得少，又不会感觉太痛苦呢？答案是细嚼慢咽。我们平时吃饭太快，等大脑反应过来吃饱了，其实已经不知不觉吃撑了。如果吃得慢，嚼的过程会给大脑一个反应时间，自然而然就吃得少了。当然，刚开始你可能会不习惯，需要刻意练习一阵子。我最初一边吃一边数数，一块肉咀嚼 36 下，一筷子蔬菜咀嚼 20 下左右，等习惯了就不用数了。

细嚼慢咽不仅仅可以控制饮食量，还可以更好地让食物和口腔中的酶融合，减少肠胃的负担。太多人因为吃饭狼吞虎咽引起各种肠胃疾病了。我们能吸收多少营养不取决于吃了多少，而是能吸收转化多少，还有是否能把不需要的物质及时排泄掉，这些都影响着我们的身体健康。细嚼慢咽，可以帮助我们建立一个更好的肠道环境。

2. 少吃多餐及三餐配比

每餐吃到六七分饱就好。六七分饱大概是一种什么感觉呢？大概是感觉不饿了，可吃可不吃，把食物拿走了不会感觉很失落。如果感觉胃里满满的，那就是吃多了。什么是多餐呢？是指除了一日正常的三餐，在两餐中间，适当加一些零食。我们的精力受血糖高低的直接影响，血糖过高和过低都会导致精力降低。少吃多餐是为了让血糖基本保证在稳定状态，以保持精力的稳定。

我一般早餐以水果、蔬菜为主，主食会少一些，因为想把早上最好的能量和状态留给工作，而不是给肠胃。我晚上吃的主食比例会大一些，晚上一般不会安排太重的工作。

其实我最早研究饮食是在美国时，有很长一段时间都不吃面食，但我发现到了冬天特别难坚持。后来我去做了专业的DNA 测试，和营养师沟通了解到，经过多年的进化，我们亚洲人是有一些对米面的需求的，只不过比例不同，我还算是需求少的。所以我现在早中两餐尽量少吃主食多吃果蔬，主食都留在晚上吃。

吃多少

关于吃多少的问题，我放弃了按照体重和基础代谢计算的方法。《中国居民膳食指南》推荐的摄入比例是：碳水化合物50%～65%，脂肪20%～30%，蛋白质10%～15%。但是我很难做到那么精准，毕竟我们提升精力水平是为了更好地生活，而不能像专业运动员一样带着营养师和厨师生活。

比较简单易操作的方式，我简称为 211 餐盘法，即一个圆盘放三份食物，全谷物和根茎类植物占 1/4，瘦肉鱼虾蛋豆制品占 1/4，新鲜蔬菜占 1/2，其中深绿叶类蔬菜达到一半以上。

还有一个大脑最喜欢的"高配版本"：20% 的谷物 + 55%

的果蔬 +25% 的蛋白质。这对很多人来讲是有一些难度的，大部分人参考 211 餐盘法即可。

我的饮食安排

早上：我有时候会喝果蔬汁，也就是将蔬菜煮熟，然后打成汁。我以前直接拿生蔬菜打汁，但喝了总拉肚子，后来医生建议我将蔬菜煮熟，之后就没再出现拉肚子的情况。除了果蔬汁，再吃个鸡蛋，偶尔来点芝麻糊。

中午：一般不是三文鱼就是牛排，烤一下或者煮一下，配点蘑菇和水果。下午运动前，会加一杯酸奶。

晚上：有时候是用各种豆子煮粥，加枣和枸杞。有时候是味噌汤里加各种蔬菜，可能会加一点鸡胸肉或者猪肉。晚上碳水化合物会稍多一点，有助于睡眠。

Tips：你要知道吃多少大概能扛几个小时。这对睡眠时间很重要，吃少了可能会饿得睡不着，吃多了影响睡眠。

关于零食加餐，分享一下我的懒人吃法。我一般选择酸奶、坚果、能量棒。一个能量棒吃 2~3 天。如果我去打拳，运动强度大，就一次吃 1/2 个；如果强度适中，就吃 1/3 个。最懒的时候拿勺子去盛一勺花生酱当零食加餐。

关于饮食，综合来讲，大家三餐正常吃，量少一些，多吃低 GI 值的食物，多吃蔬菜和优质蛋白，少些精致碳水化合物，细嚼慢咽，三餐中间可以加点中、低 GI 值的零食，更有利于精力的稳定。

压力与饮食

虽然我们知道了有助于精力提升的饮食是什么样的，但是对于很多人来讲还是知道做不到。因为我们无法忽略的是心理上的影响，我们可能会因为情绪、压力等问题暴饮暴食。比如很多人减肥，辛苦坚持了很久，最后却败在了情绪和压力上。我们习惯了在压力下吃东西，并且大多时候这种反应像自动驾驶一样，是无知无觉的。你以为自己有很强的食欲，其实只是因为有压力需要释放。关于如何处理压力和情绪，会在第 3 章详细叙述。在这里，希望你在压力—饮食中间，多一分觉察，不要每次都自动反应，而是问一下自己："我是真的饿，还是只是对压力的一种应激反应？"当你有了这个觉知，那么下次就可以去处理压力，而不是无意识地吃东西。

饮水

除了饮食跟精力息息相关，饮水也是常被大家忽视的一点。不管是人，还是地球上一切生命物质，都依赖于水。身体的50%～70%都是水，而且身体中的水约 2/3 存在于细胞中，1/3 在血管、细胞间组织和器官内。水是运输营养物质的载体，体内有再多营养物质，如果运输不到合适的位置也是白费。因此我们一定要保证足够的饮水量。

具体要喝多少水呢？建议每天每千克体重 33 毫升水。比如你的体重是 50 千克，那么就是 1.65 升。当然，这不是一个定数，因为我们身体需要的水不仅来自于饮水，也来自于食物，比如吃水果，喝汤，都是在摄入水分。我这里给的饮水量，是指白开水，并不包含果汁饮料或者酒等。

如何验证饮水量是否充足呢？给两个小方法验证：第一个是口渴程度，感觉到口渴必然是缺水了。记住永远不要等口渴的时候再喝水，因为当你感到口渴的时候，身体已经缺水了。第二个是看尿液的颜色，颜色不可以太黄。一般早上起床时候，我们的尿液颜色是很深的，因为经过了一晚上的呼吸代谢，身体缺乏水分。所以，我早上起床都会先喝一杯温水。这一点是被很多人忽视的，有的人早上起来，仍然感觉很困，或许不是因为没睡够，只是因为缺水。我早上喝完一杯水，自己马上就变得生机勃勃了，好像每个细胞都充满了水分。当水分充足时，我们的眼睛、鼻子都会变得滋润，嗓子也不会觉得干巴巴的。

以上就是对饮食和饮水的一些建议。饮食和饮水是体能精力的重要来源。吃得对、喝得好，我们的精力电池才能不断扩容，才能为我们的工作和生活提供源源不断的能量。提升精力水平，先从一餐一饮开始。

2.3　运动怎么搭配，才能高效且能坚持下去

运动是很多人都想去做的一件事儿，不过能否坚持去做，可就另说了。经常看见有的学员年初列了运动计划，然而第一季度还没过，大家就彼此心照不宣，再也不提这个事儿了。既

然运动那么"难"，那么我们为什么一定要运动呢?

为什么要运动

首先，从进化的角度来看，我们身体结构就不适合久坐，我们的祖先是跑着追逐猎物和被猎物追赶的。其次，适当的运动可以增加我们的心肺功能和提高心脏的最大摄氧量。假设我们是一辆车，车的整体性能跟油箱的汽油燃烧有关，想让汽油完全燃烧，需要充足的氧气，而适当的锻炼可以帮身体获取更多的氧气，从而提升精力水平。此外，运动可以缓解焦虑和压力，产生更多的神经元帮助我们变得更聪明，产生快乐因子，延缓衰老等。神经科学家温蒂·铃木（Wendy Suzuki）的研究发现，锻炼对我们大脑的影响立竿见影，只要做一次锻炼，立即可提高多巴胺、血清素和去甲肾上腺激素等神经递质的水平，这会让我们在锻炼后立即情绪高涨。运动还可以提高专注力和反应速度。长期坚持锻炼，可以改变大脑的生理功能。比如经常锻炼可以促进产生全新的海马体细胞，还能改善长期记忆力。总之，运动是给大脑和身体充电和投资的绝佳方式，短期可以让你的效率更高，长期可以保持甚至提升你的脑力和体能。

说完了运动的重要性，跟大家分享一些比较实用的运动建议。

小幅运动

首先，运动按照强度可以分为大幅运动和小幅运动。大幅运动，就是咱们平时常说的比如跑步、普拉提等运动。小幅运动，是指日常生活中花几分钟就可以做的运动，比如做几个拉伸动作或者活动一下僵硬的肌肉。现在飞机上也有一些宣传画册，建议大家在长途飞行中做几个动作来拉伸自己的肌肉和身体，这些都属于小幅运动。往往很多人都忽略了小幅运动，其实小幅运动是很好的精力调节器。如果说睡眠和饮食是直接把手机插在原装充电器上快充，那么我认为小幅运动和小憩就属于移动充电宝，可以方便快捷地补充电量。

我在一天里每隔一段时间就会起来做点小幅运动，比如工作90~120分钟之后做颈部的米字操，有时候做眼保健操。我还特别喜欢一种运动——转手臂，就是把两个胳膊伸平然后顺时针和逆时针转圈，这个动作在活动肩膀的同时，能很好地把血液往心脏和脑部挤压，快速让大脑供血，提升精力值。这个动作是在美国时我的康复师教给我的，很适合长期久坐对着电脑工作的人。我由于长期对着电脑工作，有一点肩周的筋膜粘连，这就是肩周炎的前奏，而这个转手臂的动作可以很好地缓解肩周筋膜粘连。有的时候，我会趴在瑜伽垫子上做瑜伽中的小燕飞或下犬式。我的一个教练一稼老师分享了一种适合在家快速启动自身状态的小运动——假跑，就是原地保持腿部的固定，上身跑步，这个动作可以快速启动自己的心肺。以上这些小幅运动，就是我最常用的小幅运动组合，这也是让我的精力曲线一直能维持在较高水平的核心小秘密。

列举几个其他常用的小幅运动：

（1）飞机坐久了，我会做一些下肢动作。第一种，身体坐立，先使劲勾脚，然后再用力压脚背，反复几次，可以很好地拉伸下肢，促进血液循环。第二种，把一条腿放在座位上抱一下，让腿和胸贴起来，然后换另一条腿。

（2）拉伸手臂和肩膀的动作：右手臂伸直放在胸前向左边伸展，然后左手臂弯曲手肘，压住右臂，让右手臂贴近你的身体，然后再换手反方向运动。

（3）转舌头：舌头贴住牙齿，顺时针方向转 15 圈，再逆时针方向转 15 圈，这对于提升体能精力特别有效，因为舌头的神经是非常敏感的，它连着大脑且从距离上来讲更近，比如吃饭的时候不小心咬舌头都会觉得特别疼。

大幅运动

日常生活中要提升精力水平，光有小幅运动还不够，需要配合大幅运动。大幅运动按照心率强度可分为三种类型：

低强度运动——达到最大心率的 55%～65%；

中等强度运动——达到最大心率的 65%～75%；

高强度运动——达到最大心率的 75%～90%。

最大心率的通用算法是用 220 减去你的年龄，比如我今年 33 岁，那么我的最大心率就是 220 – 33 = 187（次/分钟），我的中等强度运动的心率区间是 187 × 65%～187 × 75%，即 121～140 次/分钟。

还有一个分类方式是根据主观疲劳感，也就是靠自我感觉，这是我最常用的方法，疲劳度从 0 到 20，如果 11 是轻松，15 是费力，那你的运动量在 12 到 14 这个区间，既不轻松，难度又在可接受范围之内，这个强度就是比较合适的，我平时大部分时间都在这个区间运动。

世界卫生组织针对 18～65 岁成年人给出的运动推荐量是，每周至少做 150 分钟中等强度的有氧运动。如果说一次 50 分钟，则一周至少 3 次。

那么问题来了，对于很多人来讲，就算懂得再多运动的知识，可是要么没时间，要么没毅力，运动总是坚持不下去，怎么办呢？

如何安排你的运动

对于运动小白或者运动困难症患者而言，第一目标就是动起来，在这个时候可以请私教来逼自己一把，顺便学习一下老师运动的"套路"，比如训练的顺序、每个部位训练的组数、用什么器械、强度多大。后面就可以自己训练了，不然刚开始有抵触情绪，也不会用健身房的器械，阻力太大，很难启动。

还有一种是可以从自己喜欢的运动方式入手。比如我建议一个学员从跳舞开始，她平时就很喜欢看唱歌跳舞的视频，自从开始跳舞，不爱运动的她越跳越开心，越跳越自信。我还建议一个学员去打拳，因为她的工作压力非常大，而且对自己的形体有不满意的地方，打拳就很适合她。

对于有运动基础的同学，如果工作或生活上精力消耗比较大，我建议中等强度或者低等强度就好，周末休息的时候可以加一些高强度训练。我一般是周六进行高强度的训练，但最多也就达到最大心率的 75% 左右。运动生理学家发现运动时心率达到最大心率的 60%，身体才开始消耗脂肪，但是当达到最大心率的 75% 以上，身体在消耗脂肪的同时也开始消耗肌肉了，所以说运动的强度非常重要。我一般也不会在周日进行高强度运动，因为第二天可能浑身酸疼，影响周一的工作。建议经常出差的人找几组运动 App 上的徒手运动跟着训练。

值得注意的是，运动效果符合边际效用递减规律，简单来说就是身体有记忆了以后，原来的强度对你的功效就没那么大了。那要如何应对呢？有两种方式，要么增大强度，要么换别的运动方式。我自己就练过普拉提、禅柔、游泳、拳击、健身房器械组合、瑜伽、TRX（全身抗阻力锻炼）、Zumba（尊巴）、街舞等各种运动的类型。

其中，跑步、拳击、Zumba、街舞、TRX、游泳，这些我都称之为动态运动，普拉提、禅柔、器械、瑜伽等我都称之为静态运动。根据美国运动医学协会给出的健康体适能评测，体能精力与身体成分组成、肌肉力量、肌肉耐力、柔韧度、心肺功能五个方面有关。动态运动会对心肺功能的训练、身体组成成分更好，而静态运动则会对柔韧度、肌肉耐力、肌肉力量更有侧重。所以我的结论是，平时动态运动与静态运动结合更好。

值得注意的是，各种运动前都需要热身，运动之后做适当的拉伸和放松。如果你不想要特别强的肌肉感，自己专业知识又不多的时候，一定提前和教练沟通，明确自己的需求。

以上就是我给出的一些运动方面的建议。我并非运动专业出身，只是在车祸后的康复过程中，遇到了无数专业的医生和教练，在运动上花了很多心血。在此基础上，我总结了一些经验和感悟，供大家参考。运动是提升精力水平的重要途径，小幅运动可以帮助我们随时随地充电，而大幅运动可以帮我们扩大电池容量。大幅运动与小幅运动结合，动态运动与静态运动结合，是改善精力的绝佳组合。

2.4 科学睡眠，大脑才能高效工作

现在人面临着诸多睡眠问题，首先是时间上的缩减。《中国睡眠研究报告 2022》指出，我国人均睡眠时间相比十年前缩短近 1.5 小时。再者是睡眠质量的降低，这种情况你可能不陌生：工作一天很累了，但是晚上就是睡不着，忍不住想看手机，看一两个小时才能让自己的大脑进入瞌睡状态。更严重一点的，翻来覆去睡不着，失眠。第二天，疲惫，焦虑，无精打采……长期下去，免疫力下降，情绪也易怒易烦躁。

睡眠的作用是难以被替代的

睡眠占据了人生命 1/3 左右的时间，是我们生命旅程中不可忽略的一部分，然而太多人不重视睡眠，或者说根本不懂如何正确睡眠。其实睡眠是精力的重要加油站之一，并且它的功

能是难以被代替的。当我们处在睡眠中时，身体的新陈代谢水平降低，疲劳被消除，体能精力得以恢复。这也是身体器官休息的好时机，身体的各个系统都会在睡眠期进行自我修复，以帮助我们增强免疫力，延缓衰老等。其实睡眠对大脑也有重要意义，睡眠时大脑会整理白天的信息。德国吕贝克大学研究人员在《自然 – 神经学》（Nature Neuroscience）发表的研究报告显示，睡眠有助于将短期记忆转化为长期记忆，睡眠充足可以提升记忆力、理解能力等。因此，对于脑力工作者，压缩睡眠是非常不明智的做法。

睡眠的真相——睡眠周期

在了解如何睡之前，我们先了解一下睡眠周期。人们正常的睡眠周期可分为两个时相：非快速眼动睡眠期（NREM）和快速眼动睡眠期（REM）。NREM 与 REM 交替出现，交替一次为一个睡眠周期，两种循环往复，每夜通常有 4 ~ 5 个睡眠周期，每个周期 90 ~ 110 分钟，但这个时长是因人而异的，有的睡眠周期只有 60 ~ 70 分钟。我相信大部分人早上都是被闹钟叫起来的，因为要赶在几点之前起床送孩子上学或者上班等。但我不是，我会尽量让自己自然醒。因为人在非快速眼动期的深睡期被叫醒是非常难受的，醒来不但难以清醒，严重了甚至有头昏脑涨的感觉，还容易情绪不佳。如果在快速眼动期自然醒来，就会感觉很舒服并且头脑很快能清醒。建议大家在周末去测试和记录一下，自己自然睡醒需要多久，然后倒推出自己的上床睡觉时间。比如说，我早上要 7 点起床，经过记录，我冬天要睡 7.5 小时左右，那么我会在前一天晚上 11 点之前上床睡觉。这样基本不用闹钟就能在 6:30 自然醒。如果你担心睡过了，也可以定一个 7:00 的闹铃作保障。只要你计算好入睡时间，保证规律的睡眠，一般都能在闹铃响之前自然醒来。

这里可能有人会有疑问，说如果自己不定闹钟，会一直睡下去，一次能睡十多个小时。这种情况可能是你严重缺觉了，身体在自动补觉。建议你找一段时间充分补足睡眠，然后再去测试自己的睡眠时长，这样会比较准确。

生理时钟

你会不会好奇，有些人很容易保持早睡早起的作息，而有的人则是夜猫子，越晚越精神，想睡都睡不着。为什么呢？因为各自的生理时钟不同。

什么是生理时钟？它是你的作息时间表，象征着激素和酶的消长，也是一天 24 小时之中的变化循环，相当于你每天身体的使用说明书。每个人都拥有自己的生理时钟，如果你违背自己的生理时钟，会有什么后果呢？我之前就有过一段惨痛的经历。

我记得有段时间，看到朋友圈里很多朋友都是四五点起床的，我瞬间感觉压力爆棚——毕竟，我是个研究时间和精力效率的教练，怎么能输在起床这件事上呢？于是，我试图把闹钟一点点调早，满心欢喜地早起阅读、学习。第一天我就发现，早上八九点的时候我会异常疲惫，仿佛大脑在说：我累了，我不想工作。而此刻的床，对我充满吸引力。甚至有一天，我看下一辆公交车还有十几分钟，便把自己"铺"在床上躺了一会儿，当我的身体接触到床的一刹那，由于引力过大，我瞬间就睡着了……大部分时间，我都是拖着疲惫的身体去上课，头脑昏昏沉沉，老师在黑板上写的公式和文字都好像是催眠符号，一节课听得稀里糊涂。直到下午 1 点下课，我才觉得脑袋从休眠到了半开机的状态。为了改善这种状态，我曾试图在上午八九点钟加一段运动或者是喝一杯咖啡，效果都不太好。

我统计了一下，早起之后的工作量跟之前的对比，并没有飞跃式的增加。虽然每天多了一段工作和学习的时间，但是脑袋是半睡眠状态，只能用来逗猫和洗衣服，就连给我妈打电话她都嫌弃。

后来我才意识到，我这是"作息失调"了。生理时钟是我们身体激素状态水平配合各种工作的使用说明书，生理时钟相当于我们的最佳表现时间表，而我强迫自己早起，相当于背离说明书，有这种表现也就不奇怪了。

如何了解自己的生理时钟呢？美国著名睡眠专家麦可·布劳斯（Michael Breus）有一套成熟的测试体系。你可以去买他的书《生理时钟决定一切》⊖，或者去我的公众号，在对话框

⊖　《生理时钟决定一切》，［美］麦可·布劳斯（Michael Breus），
圆神出版社，2017。

输入"生理时钟"进行测试。

一个人的生理时钟会根据年龄的变化而变化。各年龄层的生理时钟对应类型参考表2-1。

表2-1　各年龄层生理时钟对应类型

新生儿	狼型
幼儿	狮型
学龄儿童	狮型/熊型
青少年	狼型
成人	熊型
老年人	狮型/海豚型

这个表一定准确吗？并不是。跟大家讲个我自己的故事。我觉得自己是个成年人，应该是熊型吧？可实际情况是，有一段时间我坚持健康的生活方式，轻断食、吃有机食品、闭关学习、不与外界联系，严格遵守熊型作息规律……可惜，现实给我一个大嘴巴，足足折腾了1周，每天的状态并不理想。直到我重新调回狼型作息，才恢复到满格精力。

后来我请教了一些专家老师才知道，原来这和人的生理代谢年龄有很大的关系。我的生理代谢年龄长期在13岁-15岁-19岁之间游走，所以是狼型也不足为奇。

确定了自己的类型之后，就一定完全按照建议睡眠作息来吗？当然不绝对，毕竟我们可能要上学、上班、出差、接送孩子，并不能完全自主安排。只能说按照生理时钟安排相当于在你的主战场作战，可以帮你赢得漂亮，但是特殊情况下也可以小幅调整。

关于睡眠的一些建议

除了注意睡眠周期和生理时钟，还有一些睡得更好的小建议。

（1）床只是用来睡觉的，没事儿别上床。在潜意识里训练自己：只要一躺在床上，我就能睡着。我如果在床上翻腾了 15 分钟还没有睡着，就直接起来看书。现在很多人的问题是睡前躺在床上看手机，醒后起来先看会儿手机，即使半夜醒了也要看几眼手机。这样会给潜意识一个混乱的指令，你甚至会形成一种惯性：躺在床上不看一会儿手机，好像就缺少了点什么。我的建议是，如果你睡前或者醒后一定要看手机，换个地方看，比如去沙发上，而不是直接躺在床上。

（2）尽量坚持每天在同一个时间上床，形成规律，让自己每到这个时间就很容易入睡。

（3）睡前遵循一套固定的睡眠流程。我每晚睡前的流程为：

1）接好泡脚水并加热，然后去洗脸刷牙；

2）回来泡脚，回复信息，然后放下手机；

3）冥想 30 分钟，如果时间比较晚，我会在床上做呼吸训练（4－7－8 呼吸法），专注在呼吸上，之后很快就睡着了。

（4）睡前的 1.5 小时不做让自己神经兴奋的事情，如工作、看电影、看小说、跟人争辩等。你可以整理一下房间，准备明天要穿的衣服，或者看一看相对"平淡"的书、洗漱、泡脚等。斯坦福睡眠研究中心的报告中指出，人在入睡的前 90 分钟是黄金睡眠时间，甚至可以决定你当晚整体的睡眠质量。因此，提前让自己的神经平静下来，对于快速入睡以及入睡后的睡眠质量都非常重要。

（5）如果你晚上运动会兴奋，那么建议避免晚上运动，改成早上或者下午运动。

（6）晚餐适当减少摄入量，并且不要吃得太晚。

（7）可以用一些助眠的白噪声或精油。

（8）白天晒一晒太阳，晚上睡眠更佳。

（9）电子设备最好不带入卧室，减少熬夜的情况，因为人们太难抵制手机的诱惑，并且手机的蓝光会抑制褪黑素的产生。不过这一点是很多人难以做到的。很多时候明明很困了，但是依然不愿意放下手机。我的学员中有一些宝妈，她们说，"我熬的不是夜，是自由。"这其实是"心理性晚睡"，因为白天没有时间放松，在睡前感觉有压力或者不甘心，于是抓住最后这一点自由的时光，靠看手机来做一些补偿。对此，我的建议是，白天最好主动留出一些"自由看手机"的时间，减少这种代偿。其实我偶尔白天太忙了，睡前也会想玩手机放松一会儿再睡，但是前提是，第二天我不必在某个时间点起床（保证留有充足的睡眠时间），并且我有相对好的自控力，不会一看手机就停不下来。

小憩

晚上的睡眠很重要，中午的小憩也不可忽视，我认为这是一个低成本但收益颇高的精力提升方法。人早上醒来5~7个小时后会经历一个疲劳期，这个时候就是小憩的最佳时机。美国国家航空航天局（NASA）做了很多有关打盹儿的实验，发现小睡 25 分钟，就能让判断力提高 35%，机警能力提高 16%。当然，下午 3 点之后就不建议小憩了，可能会影响晚上的睡眠。中午一般睡 30 分钟左右就好，尽量不要超过 30 分钟，因为超过 30 分钟容易进入深度睡眠状态，这个时候被叫醒可能会适得其反。不过要是周末集中补觉就另当别论了，可以考虑睡 1 ~ 2 个睡眠周期。

保证睡眠是提升体能精力的基础环节。我们可以根据睡眠周期及生理时钟确定自己的最佳入睡时间和睡眠时长，通过合理安排睡眠流程、饮食、运动等方面来保证睡眠质量，通过午间小憩在白天补充精力。只有掌握了科学的睡眠方式和方法，才能为精力满满的一天打好基础。

2.5　你真的会呼吸吗

提起体能精力，很多人都会想到饮食、运动、睡眠，但往往忽略了呼吸跟精力的关系。因为人们对呼吸太习以为常了，平时它没什么存在感，等到感冒鼻塞了，才意识到呼吸对人体是多么重要。

呼吸的意义

呼吸是什么呢？呼吸是把一股气流送到肺中，通过肺来提取其中的氧气，排出二氧化碳。每一次呼吸，都是一个吸入氧气呼出二氧化碳的循环。这是一个净化血液的过程，通过呼吸，血液将氧气送到全身，供养你的大脑和其他器官。

氧气为细胞呼吸提供材料，而细胞产生的三磷腺苷能为你的一举一动提供能量。所以，有时候你感觉萎靡不振，不妨去室外呼吸新鲜空气。如果晴空万里，可以在阳台上打开窗户，做个呼吸训练。想拥有足够的氧气，通风很重要，平时在办公室，定时开窗通风，让空气流动起来，让身体得到更多的氧气，让细胞获得更充足的能量，从而提升你的精力水平和表现。

很多人觉得，呼吸不就是简单的一呼一吸吗？还能有什么学问？并非如此，一个好的呼吸技巧，能帮助我们放松身体，连接身体和意识，对于应对焦虑、压力、甚至缓解高血压都非常有益。当我们压力特别大的时候，去做几次深呼吸，就可以缓解压力，因为呼吸可以直接调节我们的交感神经和副交感神经的工作。练习瑜伽、太极、冥想、打坐等，深呼吸也是不可缺少的，除了缓解压力，深呼吸也是提高精力的有效方法。接下来，我来介绍一些有用的呼吸训练方法。大家可以刻意训练自己的呼吸方式，时间长了，养成习惯，对于提升精力有非常重要的作用。

腹式呼吸

什么是腹式呼吸呢？相对于胸式呼吸中吸气时的横膈膜向上，腹式呼吸吸气时横膈膜向下移动，腹部隆起来，吐气时腹部凹下去，这种呼吸方式更深、更彻底，能吐出更多停滞在肺底部的二氧化碳（见图 2 – 1）。

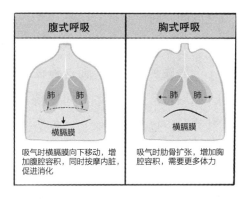

腹式呼吸	胸式呼吸
吸气时横膈膜向下移动，增加腹腔容积，同时按摩内脏，促进消化	吸气时肋骨扩张，增加胸腔容积，需要更多体力

图 2 – 1　腹式呼吸

有些人天生习惯腹式呼吸，有些人则需要刻意练习。刚开始练习时，直立或躺平都可以，确保全身舒服放松，但不能因为放松而塌腰（相对而言，一开始躺着训练容易一些）。呼吸时，一只手放在胸部，一只手放在腹部，像平常一样呼吸，观察胸部和腹部的起伏。吸气时如果腹部鼓起，胸部仍保持原状，那么你的呼吸方式是正确的。如果胸部比腹部起伏还大，那么你需要调整呼吸，想象用腹部吸气，同时胸部保持不动，将你的胸式呼吸变成腹式呼吸。大家要坚持练习，把握一切可以练习的机会，比如排队、打电话、开车、堵车的时候都可以见缝插针地练习，慢慢就可以养成习惯。

高效学习呼吸法（1∶4∶2 呼吸法）

第二种呼吸方法可以帮大家提高肺活量和细胞摄氧能力。

这种方法在室外更好，我自己大多是早上在室外练习。首先站直，然后开始吸气 4 秒，屏气 16 秒，吐气 8 秒，核心关键是吸气、屏气、吐气之间的时间比例是 1:4:2。十个一组，每天连续做三组。不过刚开始时，有的人可能会觉得胸闷，原因多是平时多胸式呼吸，不会触碰到横膈膜，而这种腹式呼吸横膈膜会向下走。所以刚开始用自己能接受的时间慢慢来练习。比如从吸气 2 秒或者 3 秒开始，逐渐增加时长。我见过一个坚持长期跑步的学员可以吸气 10 秒。

4 - 7 - 8 呼吸法

这种呼吸法，是吸气 4 秒，屏气 7 秒，呼气 8 秒，我一般在情绪不高或者有压力的时候会用，它可以迅速帮我平静下来，或者在一项工作结束后，用这个呼吸方法放松一下。我每天用这个呼吸方法入睡，速度很快。

呼吸方法有很多，这几种是经过我验证的简单且高效的方法。呼吸训练没有复杂的条件限制，几乎随时随地都可以进行，功效却不容小觑，是我非常推荐的提升精力的方法。

2.6　如何让身体一键重启

有时候，我长时间加班积累了一身的疲劳，又或者生了一点小病，即使康复了也不能马上恢复到原来的精力水平。我就在想，有什么办法能像电脑一键重装系统一样，重启自己的身体呢? 直到有一天, 我看到一个视频"轻断食挽救生命", 里面讲了轻断食的神奇作用。虽然它不能让我的疲劳一扫而净, 也不会让生病的我马上痊愈, 但是它的神奇功效依然引起我的强烈兴趣。

细胞自噬理论

于是我开始去查阅相关资料, 由此了解到, 诺贝尔生物医学奖得主埃黎耶·埃黎赫·梅契尼科夫在研究海星幼体的发育时, 发现了胞噬作用的存在, 他提出了一个在当时相当激进的理论, 认为白细胞能够吞没并摧毁有害的生物体, 例如细菌。后来, 日本的科学家大隅良典在此基础上提出了细胞自噬理论, 也就是细胞在饥饿的时候, 会把自己体内无用或者有害的物质分解掉, 以提供自己生存所需要的能量。也就是说, 让细胞处于饥饿的状态下, 就有机会启动这个"清理"过程。另外我还了解到轻断食的一些好处, 比如可以降低体脂率、缓解疲劳、提高精力值等, 于是我就找了老师, 在老师的带领下尝试轻断食。

如何轻断食

记得我第一次尝试轻断食只有 3 天时间。老师要求我们一天吃热量不超过 800 大卡的食物, 只吃水果、蔬菜和玉米, 喝一点酸奶。我第一天饿到看见什么吃的都想往嘴里塞。第二天因为不用工作, 就刷刷手机, 看看电视剧, 感觉好受了一点,第三天就感觉好多了，觉得自己的身体轻松和舒服很多，也因为看到了胜利的曙光，坚持得更容易一些。就这样，我体验了第一次轻断食，这次算是一个成功的体验，精力水平真的提升了一大截。

后来我开始研究各家各派老师的轻断食方法，这些方法在时间长度以及饮食内容上各有差异。轻断食在没人指导的情况下是有一定风险的，因此我这里只介绍两个大家自己践行相对安全和容易的方案。必须说明，有一些特殊人群，比如贫血、低血压、低血糖患者等体质虚弱的人，高血压、糖尿病患者，以及未成年人、孕期和哺乳期的女性，不适合轻断食。

方案1：每天饮食的热量控制在800大卡以内，以果汁、蔬菜为主，实在太饿的话，补充一点玉米，持续3天。

方案2：半断食，即吃你平时食量的一半，不计较荤素，持续3天。

我自己的体验是，半断食这种方式坚持下来更容易一些，因为有一些蛋白的摄入。以果蔬为主的800大卡的轻断食，效果会更好一些。

特别要注意的是，在断食时一定要给身体一些适应的空间。什么意思呢？比如我周五、周六、周日三天轻断食，那么周四的时候，就不要暴饮暴食，大鱼大肉把胃撑"爆"，然后到了周五骤然轻断食。又或者周日轻断食结束后，周一马上大吃一顿补偿回来。很多人都会有这样的"补偿心理"，但这对胃的伤害是很大的。我有一次自己轻断食后，正好赶上跟朋友聚餐，没忍住多吃了点，当天就胃疼起来。那应该怎么做呢？你可以周四的时候就比平时少吃 1/4 的量，并且注意清淡饮食。轻断食结束后的第二天，也是先增加 1/4 的食物，让胃一点点适应。就像给自己的胃搭建了一个斜坡，可以稳稳地向上和向下，而不是悬崖陡壁，一不小心就摔个跟头。

估计还有人会问，如何将热量控制在 800 大卡以内？其实现在有很多计算热量的手机 App（比如薄荷健康），只要输入自己的食品种类和数量，即可大概计算出热量。这个时候选择食物就很重要了，虽然主要以果蔬为主，但是也要注意品种，首先避免高糖的水果，比如你吃了几颗荔枝之后，热量就超过 800 大卡了，接下来的时间就会很难熬，所以尽量选择低热量、高饱腹感的食物，让自己在轻断食的时候没那么难受。半断食的话，虽然不控制饮食类型，也要注意，尽量避免蛋糕、曲奇等高热量食物以及重油重辣的食物。

为了能够让自己更好地坚持，你也可以找同行的伙伴互相鼓励。在我的课堂上，我会带领学员进行 2 周的轻断食，大家互相鼓励，是可以坚持下来的。有的学员自己尝试，就很难坚持下来，所以氛围很重要。

以上就是对轻断食的介绍，这是一个让我们的身体"一键重启"的快捷方式，有兴趣的朋友可以找个周末尝试一下，第一次建议夏天进行，会比冬天更容易一些。

2.7　制作你的身体使用说明书

如果我们买个电子产品或家用电器，比如蓝牙耳机或者电冰箱、洗衣机，都会随附一份使用说明书，我们会根据使用说明书来使用和保养机器。然而，作为我们身体的终身使用者，你有自己的身体使用说明书吗？

并且，我们每个人都是独特的机器，除了一些共性的规律，我们还有非常个性化的部分，我们的基因不同，习惯不同，喜好不同。因此，你没有办法找到一个"有标准答案"的身体使用说明书，而是需要你自己去观察、记录和体会，去得到自己的身体使用说明书。那么如何制作自己的身体使用说明书呢？

身体使用说明书包括的内容是多方面的，因为身体堪称是世界上最复杂的"机器"，因此这是一个复杂又精细的工作。但是有一些在精力方面的"关键指标"是我们可以特别注意的。

知道自己的极限

制作身体使用说明书的第一点，是需要知道自己的极限在哪里。一般产品都会有一个出厂测试，测试这个产品可以连续工作的最大时长或者最大承载量。比如一台洗衣机，说明书会告诉你这台洗衣机可承受的最大重量。当我们租车的时候，车上有疲劳驾驶提醒，如果两个小时没休息，就会自动提醒你休息。其实人也是一样的，人的身体也有自己的承受极限，你需要在这个极限内使用自己的身体。

我会比较注重三个方面的极限，分别是连续工作的极限、身体运动的极限以及饮食的极限。如何知道自己的极限，这些都是"经验"给到的。有些人喜欢主动挑战自己的极限，去测试自己的极限，而我大多是从被动经历中找到了极限。

第一，说说连续工作的极限。在 2019 年 12 月底毕业之前，我的工作和学习的强度是非常大的，每天工作和学习的时间不会少于 10 个小时。那时候我既是一个全职研究生，又要工作，还兼顾一系列的线上学习。到了期末考试的时候，作业和工作多到我连轴转，完全没有周末的概念。记得 2019 年 6 月，我的最高纪录是连续 21 天无休息，每天工作和学习的时间大于 10 小时。当时考完试以后，我怎么都不想动，虽然考试完还有工作要做，可是我就是不想干，只想躺着，偶尔在家撸个猫或者看看剧。我大概就这样在家躺了 10 天，才恢复了正常工作。这次经历让我记住了，我的最大极限就是连续工作 21 天，每天 10 小时。一旦超过这个极限值，代价非常大，修复后再重启是非常耗能的。就像一部手机，还剩一点电量的时候，你给它充上电，还可以继续使用，但是如果把电量耗得干干净净，则需要一些时间才能重启。这次我还算幸运，只是"躺平"了几天，如果我当时身体素质不够好，很可能就会出现前面说的"假期病"。

知道了这个极限之后，我现在就不会再让自己超越这个极限。即便我工作很忙，每隔 10 天或者两个星期，我也会强行给自己按一个"暂停键"。现在我慢慢形成了一个小习惯，每个月的 15 号我会偷个懒，什么都不做。实在不方便，就前后错开一两天。每个月的月底 30 号或者 31 号，也会强行给自己按暂停键。我会通过这种方式主动调节，避免碰触极限，而不是等到身体已经感觉到明显疲惫或者"崩溃"的时候再去调整，那时候已经太迟了。

第二，我会注意运动的最大极限。之前我去参加了一个很有挑战性的训练营，意外知道了自己的运动极限。当时我并不是想去做运动极限的测试，只是单纯想提升心肺功能，增加自己的体能，让精力更好一些。这是一个减肥减脂营，里面的人的体重基本是我的两倍，无论是有氧还是力量训练，强度都非常大，甚至可以说到了残忍的程度。夸张到什么程度呢？我那时候下了课开车回家要 15 分钟的路程，如果遇上当天训练肩颈背，我的胳膊会一直抖，放在方向盘上的手也是疼的。我一般先坐在车上休息 20~30 分钟，让心跳慢慢恢复正常才敢启动车回家。坐在车上的那 20 多分钟里，我连看手机的力气都没有，唯一做的一件事就是"喘气"。通过这次"被虐"的经历，我知道，这个强度就是我的极限了。因为当我训练完后，第二天的精力大不如前，浑身疼痛。当时训练了 14 天，每天都疲惫不堪，身体的大部分能量都用来恢复了，完全体会不到精力有任何提升。当然，过了这个阶段，我会发现自己的运动能力、心肺功能、精力水平都有了不错的提高。当时上课的老师也提到了，这种强度的训练是有一定的挑战甚至是危险的，不建议一个人在家训练。我通过这次训练学到了重要一课，一定要知道自己的运动极限在哪里。只有知道了你的极限运动量，你才知道如何去安排自己的运动。比如在工作繁忙的阶段，一定不要超过极限值，否则你的精力短时间内会大幅度下降，影响工作进程。这个运动的量是因人而异的，你可以给自己时间去体验和探索自己的运动极限在哪里。

第三，要注意的是自己的饮食极限。我一般都吃 7 分饱，如果吃到 8.5 ~ 9 分饱，我的胃就会非常难受。记得小时候吃撑过一次，爸妈给我吃了大山楂丸，我还是撑得躺不下去，坐着睡了一夜。从那之后，我就明白了自己能吃几碗饭。除了吃的量，另一个极限是吃辣。以前在国外，大家来自世界各地，每次聚餐都难免有辣的东西，我也会跟着吃一些。但是，如果全部食物都是辣的，我的胃就会不舒服，慢慢我就知道了自己对辣的极限在哪里。我不能吃纯辣的东西，在吃辣之前先吃些碳水化合物就会好很多。经过多次尝试，我现在很清楚地知道，自己对辣的极限就是老干妈那个程度的辣，再多一点我的胃就会"反抗"。除了辣，"冷"也是值得警惕的，吃了冷的东西我的胃也会"反抗"，因此除了在夏天，我是不会碰冷的东西的。

以上就是几个关键的"极限指标"，你要知道自己身体的使用范围在哪里，在你的承受范围内去工作。

生病复盘

建立身体使用说明书的第二点，是生病复盘。严格来说，我的生病复盘，也不全是生病，每次身体不舒服，我都会做一个复盘，如表 2-2 所示，大家长期去记录，你就会知道自己的身体在什么情况下会生病，有什么前兆信号。因为很多病都是有规律的，当你提前看到信号的时候，就可以去干预和调整。

表 2-2　生病复盘表

日期	2019/12/12
病症	咳嗽，流鼻涕，感冒
持续时间	7 天
采取措施	第四天开始喝川贝枇杷膏
生病期间睡眠时长	8 小时
精力恢复日期	2019/12/22
哪天开始排便不正常	2019/12/10
作息饮食是否规律	是
睡眠是否充足	不充足
近期是否有压力或情绪	有压力

通过长期记录，我知道自己一旦"上火"就比较危险。大多数情况下，我最开始的上火反应是便秘，如果再有些压力，睡眠不足，接下来就开始嗓子疼，然后咳嗽、流鼻涕。后来我对这套流程越来越熟悉，基本上得到"便秘"的信号的时候，就开始调整饮食和睡眠，只要睡足了，基本就不会有后面的症状，就算有了一点症状，也能很快恢复过来。

观察早上的精力状态

制作身体使用说明书的第三点，是留意自己的精力状态，及时按暂停键。我会格外留意早上起来的状态，如果有一天早上起来时我不觉得精力满满，反而觉得疲惫，我内心会有个小的警醒。第二天如果还没有好转，我会再警醒一次，并且当天尽可能早睡。到了第三天，如果还是觉得疲惫，那么我就会停止一切非必要的工作，给身体修复的时间。为什么要格外注意早上起床时的信号呢？这里涉及一个关键的健康指标，叫"静态心率"。静态心率是指人在完全静止状态下的心率，是衡量心脏健康程度快且有效的方法，血压、压力和睡眠不足都会对它有影响。所以在清醒的环境下、正常的温度下，在身体没有活动、精神没有受刺激的时候，去观察静态心率，它跟你的疲惫程度相关。有兴趣的朋友可以去测试一下自己的静态心率，不过前提是作息、饮食要相对规律，且前一天没有过度的劳动或运动。当你连续几天醒来都感觉疲惫，身体已经出现明显的信号的时候，你的静态心率大概率会提高。这时候就一定要想办法给自己按暂停键，及时休息。

以上就是我的身体使用说明书，列出了身体使用说明书里的几个关键指标。大家可以根据这个底层逻辑，参考我的一些方法和数据去构建你自己的说明书。我们都是独一无二的个体，只有你自己最懂自己的身体，所以也只有你才能制作出最符合自己情况的身体使用说明书。

2.8　学会与你的身体对话

在经历车祸后的很长一段时间里，我对自己的身体充满了恶意和嫌弃。因为在刚开始的阶段，我没办法走太多路，直到2019年底我一天最多才能走到5000步，并且不能连续超过3天。有记录步数习惯的人应该知道，你跟朋友逛街一两个小时就能轻松走到5000步。因此这对我的生活还是有挺大影响的，我之前喜欢的爬山、打羽毛球这些运动都没办法再进行，我内心藏了无数的不甘和埋怨。

测试你的体商

直到2020年，我开始慢慢接纳这种状况，学着与自己的身体相处，甚至觉得身体给我的一些信号很有意思。比如下雨时，我的身体比天气预报还准，让我避免了很多次被淋雨。我开始认真思考身体与自己的关系，毕竟，身体是要陪伴我们一辈子的。况且我们不可能像对待车一样，可以随意替换零件，身体每个器官的替换成本是相当高甚至根本无法替换的。于是，我开始转换思维，学着去了解自己的身体。

慢慢地，我似乎可以去理解身体的表达方式，解码身体给出的信号，然后做出回应。经过一段时间，我的身体状态真的有明显好转，这进一步鼓励了我去研究自己的身体语言。后来，我读到一本书，叫《与你的身体对话》，了解到了"体商"（Body Quotient，简称 BQ）这个概念。体商是什么呢？它是人对自身真实健康情况自我认识的反映，指一个人在活动、运动、体力劳动方面的能力和质量的量化标准。简单来讲，就是看你对自己身体的了解程度。这里给到大家这个测试，大家可以来测一下。

体商测验

Part 1：测量

1. 你知道自己在过去两年中的平均血压值是多少吗？

1 不记得曾经测量过

2

3 我很肯定它很正常

4

5 我知道 10 以内的波动范围

（这里的 2 是指介于 1 与 3 之间的水平，4 介于 3 和 5 之间的水平，后面的题目同理。选项前的 1~5 表示分值。）

2. 你知道自己的精确体重（误差 2.5 千克之内）吗？（如果你不去称体重是因为这会让你有负面情绪，但是你能把体重控制在一个稳定的范围内，那么可以给自己 4 分或者 5 分）

1 我知道 7.5 千克以内幅度的误差

2

———————

㊀《与你的身体对话》，柯云路，河南文艺出版社，2020。

3 我知道在 5 千克以内的误差

4

5 我很满意自己每周或每月的典型体重波动

3. 如果你 45 岁以上，你知道自己的胆固醇水平是一般还是太高吗？（如果你 45 岁以下，给你自己打 5 分——除非你已知自己的家族有高胆固醇病史且自己没有测量过胆固醇。）

1 我从来没测量过

2

3 我测量过，但我不确定它是否正常

4

5 我知道大概数据和它们正常与否

4. 如果你 45 岁以上，你知道自己的空腹血糖值是多少吗？（如果你 45 岁以下，给你自己打 5 分——除非你已知自己家族有糖尿病病史且自己没有测量过血糖）

1 我从来没测量过

2

3 我测量过，但我不确定它是否正常

4

5 我知道大概数据和它们正常与否

5. 你知道自己的睡眠时间以及睡眠质量吗？

1 我一点也不了解

2

3 如果你给我几个小时的时间我就能弄明白

4

5 我知道自己睡了多久以及自己需要多少睡眠

6. 你现在或之前的平均月经周期是多长时间（从一次月经到下一次之间的时间）？（如果你还没有来月经，给自己打 5 分）

1 什么是月经周期

2

3 我对自己什么时候要来月经会有隐隐的感觉

4

5 我一直知道自己的月经周期长度

7. 你知道自己什么时候排卵吗？（或者如果你现在不排卵，那么你曾经知道自己的排卵日期吗？）

1 什么是排卵

2

3 我对自己什么时候要排卵会有隐隐的感觉

4

5 我一直知道自己的排卵日

测量分数小计：_____

（把你的 7 个得分加起来）

Part 2：感觉

1. 在进食的时候，能否在自己"吃撑"之前意识到自己已经饱了？

1 从没有过

2 很少

3 有时

4 常常

5 几乎总是

2. 你会在自己"吃撑"之前停止进食吗？

1 从没有过

2 很少

3 有时

4 常常

5 几乎总是

3. 当你感觉饿得难受时，你是否会在 30 分钟之内吃些零食或者进餐？

1 从没有过

2 很少

3 有时

4 常常

5 几乎总是

4. 当你觉得自己需要去厕所时，能否在 15 分钟之内去厕所？

1 从没有过

2 很少

3 有时

4 常常

5 几乎总是

5. 当你觉得肌肉疼痛或者关节疼痛时，是否会停下那些会加剧你疼痛的行为？

1 从没有过

2 很少

3 有时

4 常常

5 几乎总是

6. 当重复性的工作行为（比如写字、电脑工作、使用电话或者开车）导致自己的颈部、后背、手腕、手或者腿部感到劳累时，你是否能够意识到？或者，如果你从事体力工作，你是否知道自己的身体什么时候需要休息一下，从而避免疼痛或受伤？

1 从没有过

2 很少

3 有时

4 常常

5 几乎总是

7. 如果你的工作条件允许的话，你是否会每隔 90 分钟休息一下，让自己站立、拉伸、走路、休息或者用其他方式来照护下自己的身体？（如果你想这么做但你的工作不允许你做这些，给你自己打 5 分。然后再考虑一下能否找个其他工作。）

1 从没有过

2 很少

3 有时

4 常常

5 几乎总是

8. 在过去的一年中，你能感觉到自己的身体多久会有一次性需求？

1 从没有过

2 一月一次到一年一次

3 一周一次到一月一次

4 一周 1～3 次

5 一周超过 3 次

9. 你是否找到一种健康的方式来满足自己的性需求（独自解决或者同一个伴侣一起）？

1 从没有过

2 很少

3 有时

4 常常

5 几乎总是

感觉分数小计：_____

（把你的 9 个得分加起来）

Part 3：感受

1. 在近半年内，你大概多久一次对某个决定或者某个人有直觉判断，并且结果证实了这种直觉是正确的？

1 从没有过

2 每年 2~3 次

3 至少一月一次

4 每周一次或更多

5 每天都有

2. 面对某个决定或某个人时你会经常听从你的直觉吗？

1 从没有过

2 很少

3 有时

4 常常

5 几乎总是

3. 闭上眼睛，花一点儿时间去想象一下，在未来你失去了某个宠物或者某个你爱的人。你能否感觉到失去的感觉存在于你身体的某处？它们是如何存在的？

1 我什么都感觉不到

2 可以感觉得到，但是无法描述出来

3 只能感觉得到它在哪里存在

4 能够感觉到它所在的位置和强度

5 能够描述它所在的位置、质量、强度，甚至这种感觉的形式

4. 想象一下，你刚刚被告知你发明的某样东西在世界各国被广泛应用，你将得到一大笔钱。你是否有兴奋、惊讶、得到安慰的感觉？它们存在于你身体的何处？是如何存在的？

1 我什么都感觉不到

2 可以感觉得到，但是无法描述出来

3 只能感觉得到它在哪里存在

4 能够感觉到它所在的位置和强度

5 能够描述它所在的位置、质量、强度，甚至这种感觉的形式

感受分数小计：_____

（把你的 4 个得分加起来）

Part 4：辨别

1. 想一想你身体中某个正在疼痛或者曾经疼痛的部位，你能辨别出哪些行为（活动、食用某种食品、补充剂或者药品，按摩或针灸疗法）能够减轻疼痛吗？

1 我一个都辨别不出

2

3 我能辨别出至少一种能够减轻疼痛的行为

4

5 我能辨别出多种能够减轻疼痛的行为

2. 你能辨别出哪些行为（比如进行某种活动、食用某种食品、缺乏睡眠等）会加重你的疼痛吗？

1 我一个都辨别不出

2

3 我能辨别出至少一种能够加重疼痛的行为

4

5 我能辨别出多种能够加重疼痛的行为

3. 想一想某种你经历过的疼痛（头痛、痛经、颈部或背部疼痛、受伤）。你能轻易辨别出哪些行为会引起或者加剧自己的疼痛吗？（比如，"当我发现当自己压力很大时，经期会格外疼痛"）

1 不能

2

3 我能辨别出一种可能会影响疼痛的行为

4

5 我能轻易辨别出会影响疼痛体验的行为

4. 你能辨别出哪些情感经历（假期的压力释放、与你爱的某人在一起、被关心）会减轻你的疼痛体验吗？

1 我无法辨别出

2

3 我能辨别出一种会减轻疼痛的情感经历

4

5 我能轻易辨别出多种会减轻疼痛的情感经历

5. 花点时间去想想上一次你生病的时候。你能否轻易判断出是哪些行为或接触导致了生病？

1 我无法辨别出

2

3 我能想到至少一种可能会导致我生病的行为

4

5 我能轻易想到多种让我易受疾病侵害的行为模式

辨别分数小计：＿＿＿＿＿

（把你的 5 个得分加起来）

	优秀	良好	需要帮助
测量	31～35 分	24～30 分	<24 分
感觉	40～45 分	32～39 分	<32 分
感受	18～20 分	14～17 分	<14 分
辨别	23～25 分	18～22 分	<18 分
总计	112～125 分	88～108 分	<88 分

最开始做这个测试的时候，我的分数并没有我以为的那么高。我慢慢学着去感受身体给我的一丝一毫的信号，比如，有时候吃完饭，我的胃是有一点"扎"或者"抖"的感觉，它好像在告诉我，今天这些东西它不喜欢吃或者吃太多了。说实话，以前我是没有这种对身体的精准感受能力的。

提升你的身体感受力

如何提升身体感受力呢？我最常用的方式就是身体扫描练习，这种练习还可以帮我很好地放松身体。方法很简单，当我躺着的时候，我会把我的意识逐步带到身体的各个部位，从脚趾，到脚掌、足跟、小腿、膝关节、大腿、臀部、骨盆、腹部、胸腔、乳房、肩膀、下背部、中背部，然后到上背部、手臂、手掌、手指、颈部、头部，然后到额头、眉毛、眼睛、耳朵、嘴巴等，把注意力依次放到身体的每个器官，让自己放松下来。现在很多冥想的 App 里都有身体扫描练习，大家可以选择跟着引导音频去练习。当你长期去做这个练习，你能更精微地感受自己的身体，跟身体的连接感受更深，然后察觉到它给你的微小信号。有些人在刚开始的时候，对身体的感受力是很弱的，可能完全感受不到，没关系，再多练一段时间，你还可以用手去轻触身体，增强自己的感受力。

当你练习的时间足够长，你可能会感受到，当你有情绪的时候，你的情绪藏在身体的什么部位。记得在美国的时候，我晚上睡觉有时会莫名醒来，肠胃不舒服，要坐很久才能接着睡，有时候甚至要拉肚子或者呕吐完才能继续睡觉。当时我找不到原因，还以为自己是不是吃得太凉了或者太油腻了。后来我去了澳大利亚，随着自己研究、学习的深入，遇见了很多老师，我才明白，等我疗愈了自己的一些情绪问题，肠胃问题自然而然就变好了。当你的身体感知力变强，你对自己"吃几分饱"也会有更强的感知力。以前我只有吃撑以后才意识到自己吃撑了，但是随着感受力增强，我吃到六七分饱，就自动停下来。在本章第二节中我们提过，很多人都有"压力——暴饮暴食"的自动反应链，当你感知力增强，你会更早按下暂停键，在刺激与反应中间去做一个对身体更有益的选择。

总之，当你读懂了身体的信号，就能更了解它。你的身体和大脑处在同步连接的状态，而不是当身体已经给你极端明显的信号的时候，才去注意自己的身体。

感恩你的身体

当我学会与自己的身体对话，并且理解它之后，我更加尊重自己的身体，甚至开始发自内心地感恩它。我以前没有好好去读懂它给到的信号，甚至怨恨它、埋怨它，但是它还是陪我一起努力学习、工作，直到它实在撑不住的时候，才以生病的方式告诉我要停下来。身体如此待我，我怎能不心存感激呢？

通过这些方式与身体对话，你会慢慢爱上自己的身体。当你把身体当成朋友看待的时候，身体自然也会给你更好地回馈。

本章小结

体能管理是精力管理的基石，不谈体能，何谈精力。这一章，我们首先介绍了饮食、运动、睡眠、呼吸的科学管理方法，然后介绍了可以帮助身体一键重启的饮食方式——轻断食。除此之外，我们不可忽略的是，身体是最珍贵、最精密的"仪器"，我们需要好好观察和体会，去建立自己的身体使用说明书。同时，去倾听身体的声音，解码身体给我们的信号，去感恩和爱护自己的身体。

1. 保持高精力水平的关键，是保持相对稳定的血糖水平。

2. 建议食用粗粮、蔬菜等富含复合碳水化合物的食物代替精致碳水化合物，比如精白米面等。

3. 我们要限制摄入饱和脂肪酸的数量，尤其要严格控制反式脂肪酸的摄入。

4. 为了保证血糖稳定，避免肥胖，建议多食用低升糖指数（GI）的食物。

5. 有助于提升精力水平的饮食原则：细嚼慢咽，吃 7 分饱，少食多餐。

6. 建议按照 211 餐盘法进行饮食搭配，即一个圆盘放三类食物，全谷物和根茎类植物占 1/4，瘦肉鱼虾蛋豆制品占 1/4，新鲜蔬菜占 1/2，其中深绿叶类蔬菜占一半以上。

7. 保持精力旺盛需摄入充足的饮水量，建议每千克体重摄入水分 33 毫升。

8. 不要等口渴的时候才喝水，此时身体已经缺水了。

9. 将小幅运动安排在工作间隙，是快速恢复精力的秘密武器。

10. 对于运动基础弱的人，第一目标是先让自己动起来，可以请私教监督自己，也可以先从喜欢的运动入手，减小行动阻力。

11. 对于有运动基础的人，建议平时进行中等强度或者低强度运动，周末可以加一些高强度训练。

12. 运动效果符合边际效用递减规律，建议运动一段时间后增加运动强度，或者更换别的运动类型。

13. 建议动态运动和静态运动结合训练，效果更好。

14. 要注意各种运动前都要热身，运动之后做适当的拉伸和放松。

15. 人们正常的睡眠结构周期可分为两个时相：非快速眼动睡眠期（NREM）和快速眼动睡眠期（REM）。NREM 与 REM 交替一次为一个睡眠周期，每夜通常有 4~5 个睡眠周期。

16. 为了保证早上醒来精力旺盛，建议尽量睡到自然醒，可根据自己的预计起床时间倒推入睡时间。

17. 建议测试自己的生理时钟，按照生理时钟安排自己的一日作息。

18. 床只是用来睡觉的，没事儿别上床。

19. 尽量坚持同一个时间上床，形成规律。

20. 睡前遵循一套固定的睡眠流程，有助于快速入睡。

21. 睡前 1.5 小时不做让自己的神经兴奋的事情。

22. 如果你晚上运动易兴奋，不建议晚上做运动。

23. 晚餐可以减少摄入量，且不要吃得太晚，这样更有助于入睡。

24. 可借助白噪声或者精油入睡。

25. 白天晒一晒太阳，晚上睡眠更佳。

26. 电子设备最好不带入卧室，减少熬夜的情况。

27. 中午建议小憩一会儿，可有效恢复精力，但不建议超过 30 分钟。

28. 推荐日常练习三种呼吸法：腹式呼吸、高效学习呼吸法（1:4:2 呼吸法）、4-7-8 呼吸法。

29. 根据细胞自噬理论，轻断食可以清理损伤细胞，帮助身体自我修复。

30. 推荐两种轻断食方案：第一，每天饮食的热量控制在800 大卡以内，以果汁、蔬菜为主，持续 3 天。第二，半断食，即吃平时食量的一半，不计较荤素，持续 3 天。

31. 制作身体使用说明书的第一步，是知道自己的最大极限在哪里。我会比较注重三个方面的极限，分别是连续工作的极限、身体运动的极限以及饮食的极限。

32. 当你坚持去做生病复盘，就可以找到生病的规律，提前干预和调整。

33. 注意早上醒来后的精力状态，如果连续两天以上早上醒来都感觉疲惫，要给自己按"暂停键"。

34. 建议通过练习身体扫描提升身体感受力，当你能够听懂身体的信号，会更加爱护和感激自己的身体，它也会给你相应的回报。

Great
Energy
Management

第 3 章
精力管理之情绪篇

3.1 负面情绪，你的能量收割机

刚工作那两年，公司某部门一个女领导说话的声音特别大，经常在办公室扯着嗓门喊："Luna，你这个又错了，应该是……"此时，我的脑子开始神游："你就不能私下里对我说吗，非得扯着嗓子让全办公室的人都听见？作为领导，你不知道表扬人要让所有人都知道，批评人只要他自己知道就好了？这么简单的道理你不懂？"我的内心无比地愤怒、失落、委屈。刚开始，我甚至需要去厕所平复心情，对着镜子练习微笑，有时候怕被人看见了笑话，就索性坐在马桶上对着手机相机练习假笑。从洗手间出来，即使勉强开始了工作，一整天也会无精打采，工作效率极低。

那时候，每当工作上的事情一多，压力一大，我就又烦躁又焦虑，工作上连续出错，不断返工，浪费了大量的时间。想到计划本上没完成的任务，更没办法静下心来，陷入了情绪内耗的死循环。

慢慢地，我意识到，很多工作计划完不成，不是时间不够用，也不是工作能力不足，而是有太多的情绪困扰。这些负面情绪就像超级能量收割机，把我精力的黄金时段稀释成了青铜时段，甚至破铜烂铁时段。事情都做不了，更别提什么工作效率了。

我的工作时间按照精力状态大致可分为 5 类：

第一类，钻石时段，精力满满，电量 91% 以上；

第二类，黄金时段，精力充足，电量 76% ~ 90%；

第三类，白银时段，精神尚可，电量 61% ~ 75%；

第四类，青铜时段，精力红灯，电量 45% ~ 60%；

第五类，破铜烂铁时段，电量在 45% 以下，不适合工作。

真正让我意识到情绪的强大威力的时刻，是在车祸后。那段时间，我基本上时时刻刻都处在沮丧中，不知道什么时候情绪就爆发了。每天往返于家、医院、学校之间，繁重的课业让我喘不过气来。作为一个自以为的自律女孩，我头一次体会到什么叫 "Deadline 是第一生产力"。看着做事拖拉的、充满负面情绪的这个人，我感觉快不认识自己了。也是那时候我才意识到，情绪这个能量收割机太过强大。

情绪对精力的影响

人类绩效（Human Performance）根据情绪能量的高低以及正负两个维度，将情绪划分为 4 大类（见图 3 - 1）：

第一象限，包括承诺、挑战、希望等，属于高能量的正面情绪。

第二象限，包括生气、恐惧、悲伤、沮丧等，属于高能量的负面情绪。

第三象限，包括不耐烦、疲惫、懒散、冷漠、缺乏兴趣等，属于低能量的负面情绪。

第四象限，包括放松、同情等，属于低能量的正面情绪。

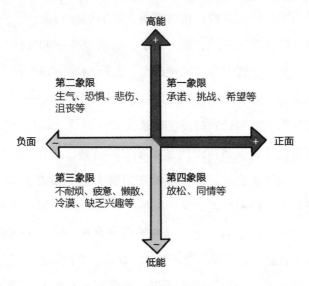

图 3－1　情绪的四象限

情绪也被称为"软精力"，因为根据情绪的高低和正负，它可以在你原有的精力基础上做加法和减法。很明显，正面高能情绪可以提升精力水平，而负面情绪则可以极大地拉低精力水平。比如，你早上刚到办公室，此时你的精力水平是 80 分，这时，老板跟你说表现不错，这个月开始涨工资，你瞬间希望大增，动力满满，精力水平升到 100 分；如果老板说，公司效益不好，下个月需要裁员，糟糕的情绪会让你的精力水平瞬间掉到 60 分。

同时，情绪能量的强度也决定了对精力的损耗程度，情绪能量越高，越负面，耗能就越大。你可以察觉一下自己的情绪大多处在哪个象限。比如，我自己偏理性，大多处于第四象限，在第二象限的情绪就很少。我前面说的那位女领导，她就是明显的高能量情绪比较多，如果她生气了，整个办公室的气氛都变得低沉。也并不是说多高能情绪就不好，等她高兴的时候，整个办公室都能听见她的笑声，感染力极强。我做疗愈类个案的过程中也有个有意思的发现，有些人天生就情绪能量强，比如在做情绪释放的时候，会出现强烈的呕吐或者哭到瘫倒站不起来，但是他们一旦情绪处于第一象限，精力水平和行动力都会极高。而有些人则很温和，情绪的波动很小，那么对精力的影响程度也会减小。无论是哪种情况都各有利弊，重要的是你能够有所觉知，在情绪来临时，知道如何应对或者利用。

接下来，我们会去认识和觉知情绪，改善你和情绪之间的关系，不要把负面情绪当成洪水猛兽，然后掌握一些方法和基本原理，知道如何提高情绪能量，预防负面情绪事件的发生，并且知道当情绪出现时，如何有效地应对情绪，减少情绪消耗。最后，我们将会探索情绪发生背后更深层的因素——你的心智配套系统，从底层去稳定你的根基，减少内耗，提升精力水平。

3.2　认识情绪，做情绪的朋友

我发现很多人不认识自己的情绪，甚至有些人只有两种情绪："生气"和"开心"。实际上他不是没有其他情绪，只是所有负面情绪都被概括为"生气"，所有的正面情绪又被一个"开心"所概括。但具体为什么生气或开心，在什么场景下容易生气或开心，自己都是一无所知。

简单地说，大多数人都知道人的情绪有快乐、悲伤、愤怒、惊讶、恐惧、厌恶等。如果更加细分，其实人可以感受到的情绪有 27 种：钦佩、崇拜、欣赏、娱乐、焦虑、敬畏、尴尬、厌倦、冷静、困惑、渴望、厌恶、痛苦、着迷、嫉妒、兴奋、恐惧、痛恨、有趣、快乐、怀旧、浪漫、悲伤、满意、性欲、同情和满足。

为什么会这样呢？因为在很多人眼里，情绪好像是洪水猛兽，是不被认可的。比如小时候，当你因为摔倒了而哭的时候，家长会说，"不许哭""男子汉流血流汗不流泪""闭嘴，再哭不要你了"。我们习惯了去逃避和压抑情绪，毕竟谁都不想被贴上"情绪化"这个标签。长此以往，我们对自己的情绪越来越麻木。

情绪的积极意义

可是，对情绪麻木不代表没有情绪。对情绪多年的漠视和逃避，让我们逐渐形成了固定化的情绪反应模式。比如被人骂了就马上怼回去或者忍气吞声独自委屈，不开心了就刷手机逃避或者暴饮暴食，我们形成了一键执行的自动反应模式，无须过脑，自动回应。

所以，我希望大家知道的第一点是，不要逃避情绪，不做情绪的奴隶或者敌人，而是做情绪的朋友。因为每种情绪的背后，都有一个正面的动机，它本来只是想保护和帮助我们的。我们可以依次看一看常见的几种情绪：愤怒告诉我们什么呢？它告诉我们边界被侵犯，我们需要去捍卫自己，去操控局面，去反抗或震慑对方。比如，当你被别人踩了一脚而对方毫无歉意的时候你会感到愤怒，这种情绪是在表达，我受到了伤害，我需要做点什么保护自己。现在几乎人人都逃不掉的焦虑情绪，背后又是什么呢？是对未来未知的担忧。你想要控制结果，想要做到最好，但是又担心自己的资源不足以应对未来不确定的风险。所以，你产生的焦虑情绪其实是在提醒自己，我需要做点什么来抵御未知风险。内疚、惭愧，这些情绪大多发生在犯了错误、亏欠了一些人但是又无法改变过去的时候，我们通过内疚的情绪让自己感到痛苦，来平衡自己的负罪感。嫉妒情绪，其实是告诉我们，我不愿意比你弱，我想要超过你。

你看，情绪有破坏性的一面，但是也有积极的一面，只是这积极的一面从未被我们意识到。当我们不再逃避和压抑情绪，开始去认识情绪并解码情绪带给我们的信号时，那么我们就开始了与情绪做朋友。

记录情绪，做情绪的朋友

怎么去做情绪的朋友呢？一定是先记录和分析情绪。记录和分析情绪，可以了解自己发生频率最高的情绪模式，对自己的情绪发生模式越了解，下次就越能避开引发这些情绪的场景。

比如，我让学员去记录了一个月的情绪，然后总结出最高频的3种情绪。有学员跟我反馈，她每天晚上临睡前1～2小时是最容易发怒吼孩子的。因为这个时候孩子的作业没做完，而自己的精力电量已经明显不足，最容易烦躁和生气。因此她做了两个改变：第一，把辅导孩子作业放在精力足的时候；第二，想对孩子发怒的时候，深呼吸或者暂时离开一会儿，告诉自己是精力不足了，不要把火都发给孩子。

我记得刚开始记录我的不良情绪时，我感觉长这么大第一次"看见"自己，"看见"情绪产生的原因以及背后的需求。那个时候我才意识到，我以前好像是自己最熟悉的陌生人。

记得当时我常出现的一个情绪是发生在上班路上。那时候还在北京上班，班车要经过一段堵车频发路段：三元桥到国贸。如果运气不好，再遇上车祸发生，更是堵个水泄不通。有时候我在班车上睡醒了一觉，发现眼前的大楼，还是睡觉之前的大楼。每次一堵车，我就心情烦躁，觉得自己的大好时光都被浪费在路上了。后来我开始思考，我如何避免这种情绪的发生呢？我改成上班的路上听英文，下班的路上睡觉，相当于上班路上给大脑补充营养，下班路上补充体能精力。从此，上下班的堵车就不再频繁引发我的情绪问题了。

那时候每月月底也是我情绪频发的时段。因为一到月底，事情就会特别多。每天几十封的未读邮件，再加上两三个人电话催单："Luna，我的这个单子真的很急呀，能不能帮忙先做一下？"我虽然嘴上说着"好，我尽快"，但内心早已暴跳如雷：

"Luna 就两只手!" 出现这种情绪,我该怎么办呢?刚开始,我发现无论如何都改变不了邮件的接收数量,因为这不是我能控制的。当时的我也还没有百炼成钢达到现在 "债多了不愁" 的状态。那我做了件什么事儿呢?我把电话线拔了,这下子全世界都安静了!我每天上午偷偷拔断电话线 1~2 个小时,或者在挂电话的时候,故意不挂好。当然,我只能拔掉 1~2 小时,这是基于我的工作性质和客户的容忍度反复测试得出来的,大于两个小时,客户会着急直接找老板,后果更惨痛。

记录了很长一段时间之后,我发现引发我负面情绪的场景,用 10 个手指头绝对能数得过来。后来有一天,我又灵机一动,我为什么不记录一下快乐的情绪呢?我好像对自己的正面情绪一无所知啊!于是我开始把自己的专注点从负面情绪转到了正面情绪。

现在,请正在看书的你停下来思考一下,你知道自己做什么最开心吗?这是我 2014 年之前从没有想过的问题。现在想来,不知道如何取悦自己是一件很可怕的事儿,因为不知道如何取悦自己,快乐就变成了随机事件,而自己就失去了获得快乐的主动权。

记录了一段时间的正面情绪,我发现其实情绪是我们幸福生活的导航仪,因为它直观地告诉了我们自己想要去的地方。

我先记录了工作中的情绪表(见表 3 – 1),负面情绪的就是负数,正面情绪的就是正数。0~5 分别代表了情绪的强度。

表 3-1　工作情绪彩虹表

分值	场景	原因
-5	当众被老板批评	感觉丢人，自尊心受伤
-4	工作时长超过 75 小时/周	生活工作不平衡/自我边界被挤压
-3	私底下被批评	做不好工作很焦躁/自我目标未达成
-2	8 小时的 IT 会议	头昏脑胀，后面听不进去，浪费时间
-1	做表单	不擅长，有抵触情绪
0	简单重复性工作	
1	可以让我不断优化流程、提升效率的工作	有进步空间
2	企业社会责任	符合我的核心价值观
3	参加培训	符合我的成长性需求
4	培训帮助他人	能为别人提供价值

　　记录正面情绪还带给我一个附加的好处：越来越知道自己喜欢什么。那个时候，我并没有接触过现在很流行的热爱系统测试或者职业生涯规划。我只是通过自己的情绪彩虹表，知道自己喜欢和不喜欢的事情，然后找一份自己比较喜欢的工作。举个例子，那时候每当有企业培训，有人会因为耽误了假期而抱怨，我却特别兴奋，连续上几个小时的课都不会累。如果有机会做培训和分享，我也很容易进入心流状态。我模糊地感觉到，自我成长以及帮助别人成长，就是我的热情所在。现在，我作为一名时间精力管理和个人成长教练，和能提高我的情绪值的事情是完全吻合的。我后来也做了各种优势测试、职业生涯规划，结果和我自己原来设定的方向完全一致。所以，当你说不喜欢自己的工作，又不知道去做点什么，不知道自己的天

赋和使命在哪里时，那不妨去记录自己的情绪吧，可能会有意
想不到的惊喜。

同理，我也记录过生活中的情绪（见表 3 - 2），现在我基
本找到了自己喜欢的生活方式。

表 3 - 2　生活情绪彩虹表

分值	场景	原因
- 5	被妈妈管	没有自由
- 4	吵架	暴力沟通
- 3	过度疲惫	
- 2	人口过度密集的地方	
- 1	排队/堵车和阴天	
0	发呆/晒太阳	
1	整理归纳	
2	看书/放松	
3	健身运动/美食/朋友来往/Spa	
4	旅行/去海岛/下雪/去没去过的城市	

与情绪做朋友的第一步，是认识情绪和了解自己的情绪。
非常建议你去制作自己的情绪彩虹表，记录情绪发生的事件和
场景，分析情绪背后的成因和需求。情绪没有所谓的好坏，每
个情绪背后都有一个需求，这个需求就是你内心最真实的渴望。
它是你心里演奏出来的旋律，帮助你听见内心的声音，帮助你
勾勒出自己喜欢的生活，指引你去想去的地方，遇见更好的
自己。

3.3　找到你的正面情绪充电宝

如果想要好的精力管理状态，就需要有更高比例的积极情绪，减少负面情绪。上一节我们了解了自己的负面情绪和正面情绪发生的场景，当我们对自己的情绪越了解，就越能主动构建环境，增加正面情绪，预防负面情绪的发生。这一节，我们会探讨如何构建属于自己的正面情绪充电宝，其中有一些简单好用的方法，你可以见缝插针地安排在日常生活和工作中。

找到你的正面情绪充电宝

根据每个人接收外界事物信息并在大脑中进行处理的偏好，我们把人理解世界的方式分为三种，分别是视觉型、听觉型和感觉型。简单地说，视觉型的人更倾向于用眼睛去观察世界，对色彩、画面等视觉因素的要求比较高。听觉型的人更喜欢用耳朵去聆听世界和获取信息。感觉型的人则更偏重感受。比如三种类型的人同时走进大森林里，视觉型的人首先注意到的是满眼的绿色，听觉型的人先听到的是鸟叫声、风吹树叶的声音，而感觉型的人会不自觉地先深深呼吸几口新鲜的空气，感受大自然独有的味道。视觉型的人大多注重"外貌"，对颜色敏感，一般有不错的审美水平。听觉型的人对声音的清晰度、质感很敏感，很容易听出别人唱歌是不是跑调。感觉型的人触觉敏感，比如对衣服材质要求很高，喜欢穿柔软舒适的衣服。

　　你可能会问，我们不是说正面情绪充电宝吗，怎么说起了人们处理信息的偏好呢？其实两者有很大的关系，因为我们的大脑会根据这些图像、声音、感觉去触动我们的内在信息，然后结合自己的价值观，对外界做出"正面"或者"负面"的反应。当我们了解了自己的信息处理的偏好，就可以从这方面入手，去增加自己的正面情绪体验。比如，视觉型的人多去看看美丽的风景，把家里布置得更漂亮，或者自己动手画画，都可以让自己更开心。而听觉型的人可以收集一些自己喜欢的"快乐歌单"。我就有一组名为"早上"的歌，这里面都是我非常喜欢的音乐，节奏上激情满满，听了之后会觉得心情愉悦、动力十足。感觉型的人可以去撸撸猫，或者泡个热水澡放松一下。其实我就是个偏感觉型的人，当我工作一段时间感觉有些疲惫时，我就会去陪我的猫玩一会儿，这样我的情绪值就会升上来。我还有个很特别的方式，是在床上滚一滚。我的床很大，并且我对床品的质量要求也很高，当我在大床上滚来滚去的时候就会感到心情愉悦，我甚至解释不清具体的原因，但特别有用，有时候中午直播后又累又困，只要在床上滚一滚，就觉得自己又充满了电。

　　每个人加工信息的方式不同，所以喜欢的充电方式也不一样。但也不是说每个人的方式都是单一的，我们都是综合型的，既是视觉型的、听觉型的，也是感觉型的，只是偏好有所不同。往往你最偏好的那种方式，对你是最有效的。所以，你可以花一段时间去探索和试错，去寻找适合自己的充电方式。你可以把它们编排组合，放到你工作和生活中的间隙里面，比如早上听听歌，工作间隙撸撸猫，这会成为你的独家情绪充电工具包。

除了这些随时可以给自己充电的充电宝，我还会隔一段时间给自己找个"充电桩"。充电桩不会天天用，但是一旦使用，则威力巨大，续航持久。比如我的充电桩是一些海岛。大自然的风光似乎可以让我忘却一些烦恼，回来后的很长一段时间里我都会处于喜悦的状态中。我的充电桩还可能是一些情绪能量很高的人。之前在美国复健的时候非常痛苦，每周二中午和每周四下午，我都会路过一个教室，里面有一个瑜伽老师带着学生上课，那个时候由于身体状况的原因我还做不了瑜伽，我只是在教室里静静听着音乐，看着老师指引大家做瑜伽，我就会感到内心的平静。后面我也试了同样的音乐，发现并不能起到相同的作用。我发现原来是有些人天然带一些正面的情绪能量，你如果跟他（她）一起学习和相处一段时间，自然会有很不一样的体验。所以我现在隔一段时间也会找这样的人给自己充充电。

感恩日记

对于提升正面情绪体验，一个不得不提的重要工具就是感恩日记。我们平时习惯了对生活中细小的幸福视而不见，把注意力全部放在了那些让自己不满和焦虑的事情上。因为我们的大脑天生对负面的东西更敏感。从个人进化论来讲，在原始社会，天生对负面信息的抓取能让我们更好地生存下来，而不是一夜睡到天亮，成为更强大的动物的腹中餐，或者让自己辛苦打来的猎物被偷走。我们的基因里天生有对负面信息和环境的警惕性。很显然，这套适合原始社会的机制已经不适合现在这个时代。所以，我们需要刻意练习自己关注"积极面"的思维习惯，通过感恩日记帮助我们掌握随时随地捕捉快乐的能力。

一位北伊利诺伊大学婚姻与家庭名誉教授说："如果你通过感恩练习创造出积极的精神状态，就相当于在强化神经回路，你就可以创造出更多积极的感觉。你可以把感恩当成一种让大脑保持积极的心理练习。"通过长期书写感恩日记，我们会更加乐观，常怀一颗感恩之心，对生活中的小幸福会更加敏感，对外界的不如意之事也会更加包容。

怎么写感恩日记呢？很简单，每天记录那些让你感觉幸福、快乐和值得感恩的小事情，比如吃到了美食，看到了美丽的风景，孩子很顺利地完成了家庭作业，自己身体很健康，工作给我带来收入……这些细小的事情都可以写进来。其实很多人都多多少少听说过感恩日记，但是坚持下来的人则少之又少，因为这个坚持并看到结果的过程，并不简单。

我刚开始写感恩日记的时候只能写几条，感谢身边的人，感谢发生的开心的事，感谢今天的好天气，感谢美食。然后经过一段时间，好像进入了一个瓶颈期，总是来来回回反复感恩身边那些可爱的人，也总有几个不那么可爱的人让我真的不知道如何感恩。不管怎样，我还是坚持去写，突然有一天我变得更细腻了，我的感恩日记好像有了灵魂，具体的表现是我感恩的内容更具体了，不是表面的一句话，而是发自内心的感谢，我能够深刻体会到情感的流动，我称之为"由脑入心"了。又过了一段时间，我开始能把这些"不那么可爱"的人看顺眼了。也许是因为一件小事，比如她在一件事情上的不可爱在另一件事上却显得特别可爱。举个例子，有的人十分挑剔，对细节抠得淋漓尽致，在做战略规划的时候就显得有些格格不入。然而在另一些工作，比如项目管理、文字校对上，就显得可爱多了。就这样我看到了那些不可爱的人的可爱之处。结果是，我发现自己真的积极乐观起来了，对生活中的小幸福更加敏感。

记得有个老师说过一句话："不要做情绪的乞丐。"意思是说，我们要学会为自己的情绪负责，这里不仅指要能处理自己的负面情绪，也要知道如何去构建自己的正面情绪，而不是被动地靠外界的人和事来取悦你。去探索自己的正面情绪充电宝吧，让它们成为你生活中的一部分，随时给自己的情绪充充电。

3.4 负面情绪应急手册

作为一个成年人，要学会能够迅速给情绪静音，不让自己在情绪中做出冲动和错误的决策。这一节，我将分享一些应对负面情绪的原则和方法，教你制作自己的情绪应急手册。

不带着情绪做任何决策

我盘点自己的人生错题本时，就发现二十几岁时，经常在疲惫时到网上买买买，买的大多是一些不合适的物品，没用一两次就被清出去了。我的猫 Cream 刚来我家时，我一开心买了11 箱玩具，漂洋过海运到澳大利亚，结果发现大多数玩具它都不喜欢。又比如我的学员 D，因为连续加班和老板吵架，一怒之下直接转岗了，离开了效益特别好、别人挤破脑袋都进不去的部门。

所以应对负面情绪的第一原则，就是不要在有负面情绪时做任何决定，太多人在情绪支配下做了消极的反应，甚至在应激模式下对别人进行人身攻击，以至于最后产生不可控的结果。

情绪应急包

很多时候情绪汹涌而来，但是因为一些场景限制，比如老板当众批评，你最好不要当众把老板怼回去。这个时候如果有一套已经被熟练掌握的情绪应急包，就可以帮上大忙。这个所谓的情绪应急包，就是应对负面情绪的步骤和方法。

步骤一：深呼吸。

除了当下不做决定之外，最快速的让自己的情绪静音的方式就是深呼吸。因为呼吸是身体内连接交感神经和副交感神经的桥梁。当情绪激动时，你的交感神经会比较兴奋，通过呼吸激活了副交感神经，人自然就平静下来了。

步骤二：扭转负面情绪。

静下来之后，下一步就是给情绪充值，扭转负面情绪了。

Genos 情感智能（一种用于领导者情感智能发展项目的测评工具）介绍了 4 个大类的方法来和情绪相处：环境法、交流法、运动法、静思法。

1. 环境法

所谓环境法，就是离开原来的环境，从当时的场景里面抽离出来，比如说去咖啡厅，或者洗个澡，或者去看个视频，都是改变环境的方式，当然也有些人去买东西。我自己更喜欢去外面散散步，如果条件不允许的话，我就会去找个咖啡馆坐一会儿。如果咖啡馆也去不了，我会看个视频，比如看个脱口秀之类的。注意，我不会看电视剧，因为很可能一看就上瘾，然后停不下来。

2. 交流法

找一个人倾诉一下或寻求一下鼓励。我自己很少用这个方式，偶尔和闺蜜吐槽几句，但面对大的情绪波动时，我更喜欢自己换环境或者去运动。成年人对自己的情绪负责是基本要求，大家都有自己的困难和阻力，不应该额外再给别人增加负担。再加上我性格内向，所以我不会轻易找人抱怨和倾诉。有些人性格比较外向和开朗，就比较适合用交流法，两个好闺蜜定期向彼此吐槽一下生活也无伤大雅。这里想给大家的建议是，吐槽发泄要看清对象，是不是合适的人，是不是合适的时机。如果身边没有合适的人选，你又特别想找人沟通，那么我建议付费去找专业的心理咨询师，有些心理咨询师价格并不贵，能够去倾倒一下心理垃圾，是一种不错的心理保健法。

3. 运动法

身体是良好的情感反应机体，既能调整我们的生理状态，也能调整情绪状态。比如调整姿势就可以改变自己的情绪。如果你去观察自己的姿势，你会发现当你情绪高涨的时候，你的姿势是扩张的、开放的；当你情绪不好的时候，一般身体都是收缩的、抵抗的。当你情绪低迷时，把四肢伸展开，就可以让情绪变好一点儿。我自己喜欢的运动是拳击和尊巴。它们可以激发快乐因子多巴胺和内啡肽等激素的分泌，让我的烦恼一扫而光。打拳的时候身体特别酸，打一场下来什么情绪都没了。尊巴虽然没那么激烈，但节奏欢快，也能让我心情愉悦。通常情况下，面对情绪，运动都是我的第一选择。

4. 静思法

这种方法内向偏理性的人用的比较多，比如看书、写日记等。这里推荐两个常用的方法，一个是转念，另一个则是写情绪察觉日记。转念在下一节会重点讲述，这里重点介绍写情绪察觉日记的方法。

情绪察觉日记

所谓情绪觉察日记，简单来讲，就是通过去觉察情绪以及情绪背后发生的原因，看见自己的真实需求并且寻找解决方案的一种方式。

情绪察觉模板：

（1）客观描述发生了什么事，这件事令我产生了什么情绪？

（2）这种情绪想告诉我，还有什么未满足的需求或者期待？

（3）在这件事或者情绪中，我学到了什么？

（4）当下我可以做点什么让事情顺利进行，或者满足我的需求和期待？

下面我们通过案例来一一拆解：

（1）客观描述发生了什么事，这件事令我产生了什么情绪？

例：今天花了3个小时看手机，工作计划没完成，我感到焦虑、失落、内疚。

这里需要注意，第一，请尽量用客观的语言来描述事情，比如，我这里写了"花3个小时看手机"，而不是"我花太多时间看手机了""我这一整天光浪费时间了"，当你加入了自己的主观感想来描述的时候，往往会加大情绪的渲染，且容易看不清真相。再举个例子，有一个学员因为情人节没收到伴侣的礼物感到很失望。她这样描述："他根本不在乎我，连个礼物都没有，我感到特别失望和愤怒。""他不在乎我"就是一句主观想法，而不一定是客观事实，可能伴侣准备了礼物，因为开会加班没办法送出来，也可能是他家里出了事已经自顾不暇等。因此，尽量用客观的语言来描述事实。

第二，详细描述你的情绪感受、身体感受，并且给你的情绪强度打个分。当你描述情绪的时候，你往往就已经站在了

"旁观者"的位置，从原来的情绪旋涡抽离出来，站在更高的位置来看待情绪，而不会陷进情绪里难以抽离。通过不断察觉和描述情绪，给情绪命名和打分，你感知情绪的能力会增强，解析和应对情绪的能力也会增强。

（2）这种情绪想告诉我，还有什么未满足的需求或者期待？

例如，我期待自己能把时间都花在有用的地方，我认为只有足够努力和高效，才算得上是一个优秀的人，才可以获得更多的肯定，我才值得被爱。这让我看见自己的一个隐藏信念：我浪费了时间 = 我很糟糕 = 我不值得被爱，这让我常常自责。我看见自己期待被认可，被喜欢。

这个问题的意义在于挖掘出你的真实需求和内心渴望。很多时候，你并不知道自己想要什么，而是做一些表层的事去满足自己的伪需求。比如，在这个例子里，你以为自己变成分秒必争的工作狂，就可以真正满足自己吗？不是的，其实内心需要的是被认可，被爱。而要想达到这个目的，争分夺秒地工作并不是唯一途径。通过觉察，看见自己的真实需求，减少走不必要的弯路。当然，挖掘内心的真实需求，并不是一蹴而就的事，需要你像剥洋葱一样，一层一层剥开。

（3）在这件事或者这种情绪中，我学到了什么？

例如，学着接纳不完美的自己，我告诉自己，不完美的自己也值得被爱；工作时，手机不要放在随手可以拿到的地方。

这个问题可以让我们在情绪中反思和成长，当下次遇到类似问题的时候，以更好的方式应对。

（4）当下我可以做点什么让事情顺利进行，或者满足我的需求和期待？

A. 去练会儿瑜伽，释放和缓解情绪

B. 明天做计划时注意留白

C. 工作时注意把手机锁在抽屉里

这个问题可以让我们用实际行动去处理未消化的情绪，然后帮助我们把注意力放在行动上，毕竟唯有行动，才能解决问题；唯有行动，才能真正成长。

以上就是关于情绪的一些调节方法，可以帮你避免做出错误决策，并快速地从负面情绪中走出来。情绪是我们的信号导航仪，用好了情绪可以帮助我们了解自己，理解他人并达成合作，用不好就是害人害己的炸药包，影响身体健康和人际关系等。期待你能够构建属于自己的情绪应急手册，让它在你产生情绪危机时迅速出动，避免你被负面情绪所控制和裹挟。

3.5　想法变了，心情就变了

车祸后我曾情绪濒临崩溃，为了自救，我不断研究情绪管理的方法，其中对我影响比较深的就是情绪 ABC 理论和一念之转。

情绪 ABC 理论

什么是情绪 ABC 理论呢？情绪 ABC 理论是由美国心理学

家埃利斯提出的。其中的 A（Activating event）表示诱发事件，B（Belief）表示对这件事的看法和信念，C（Consequence）表示产生的情绪和行为结果。该理论认为，激发事件 A 只是引发情绪的间接原因，而直接原因是个体对事件 A 的认知、评价而产生的信念 B。换句话说，你的情绪并不完全由发生的事件决定，而是由你对这件事的看法和信念决定。举个例子，你本来计划今天去郊游，但是因为突然下雨，你只能坐在家里生气。用 ABC 理论分析，事件（A）是"下雨"，你的反应（C）是"坐在家中生气"，但是造成你生气的直接原因，是你的看法（B）：我的计划被打乱了，我只能憋在家里了。但是如果你的想法换成：下雨天正好可以在家美美地看个电影。结果（C）则截然不同。

很明显，我们"一念之转"，转的是什么呢？是 B，即我们对事情的看法和信念。

一念之转

拜伦·凯蒂瑞德（Byron Kathleen Reid）三十多岁时患上了重度忧郁症。接下来的十年每况愈下，凯蒂有两年几乎下不了床，一心想着自杀。结果某天清晨，从绝望的深渊中，她产生了从此改变她一生的了悟。凯蒂发现，当她相信事情应该和现况不同时（比如，我的丈夫应该多爱我一点；我的孩子应该多感激我一点），她感到很痛苦。而当她不再有这些想法时，她找到了心中的平静。她觉察到，造成她忧郁症的并不是这个世界，而是她对世界的看法。与其绝望地设法改变世界来迎合自己的想法，不如质疑这些想法，并借由接受现实来拥抱现实，体验前所未有的自由与喜悦。凯蒂发展了一套简单却功效强大的探究过程，又称为"功课"，使得由苦至乐的转变不再高不可攀。一个一度下不了床想自杀的女人，从此对世间万物充满了爱，并写出了经典畅销书《一念之转》。

具体如何转念呢？拜伦·凯蒂的一念之转功课给出下面这几个问题：

（1）这是真的吗？

（2）这真的是真的吗？（你能百分之百肯定那是真的吗？）

（3）如果你有这样的想法，你会怎么样？

可以根据情况在第 3 句话后追问两句：

1）你能否找到一个理由让你放下那个想法？

2）你能否找到一个理由让你毫不焦虑地持有那个想法？

（4）如果你没有这样的想法，该会是个怎样的人？

车祸后的那段日子，每当想到可能一辈子都跟轮椅打交道，没办法穿漂亮裙子，没办法跟家人逛街，更别提去运动、爬山……我都会陷入绝望的深渊，无数个夜里睁眼到天亮，满眼泪水，早上起来枕头是湿的，不知道该如何面对接下来的人生。当时我最大的念头是我的下半生废了，幸福与我渐行渐远了。后来，我开始用一念之转的方法来转念。我改变不了车祸的事实，也改不了全身多处骨骼受损的事实，能改变的，也只能是"念头（B）"了。

我开始用这个问题，反复问自己。

（1）这是真的吗？——是真的。

（2）这真的是真的吗？（你能百分之百肯定那是真的吗？）——呃，也不是 100% 肯定，90% 以上吧。

（3）如果你有这样的想法，你会怎么样？——我感觉悲伤，沮丧，不快乐。

根据情况在第 3 句话后追问两句：

1）你能否找到一个理由让你放下那个想法？——没有，除非我身体恢复了。

2）你能否找到一个理由让你毫不焦虑地持有那个想法？——找不到。

（4）如果你没有这样的想法，那你该会是个怎样的人？——我会努力读书，好好学英语，搞社交，为毕业进投行做准备，然后在美国多走走、多看看。

这是我第一次试着转念，很显然，结果是没什么用。直到有一次在 Youtube 上无意中看到一个视频，是尼克·胡哲（Nick Vujicic）的演说。他是澳大利亚的演讲家，出版过《人生不设限》《坚强站立：你能战胜欺凌》和《爱情不设限》等书籍。胡哲天生没有四肢，只有左侧臀部以下的位置有一个带着两个脚趾头的小"脚"，但是他站在演讲台上却光芒四射。我突然看到了一个身体状态比我差很多的人，貌似过的还挺幸福，事业、爱情一个都不少，这动摇了我的 100% 肯定，变成了 50%。我开始思考：难道身体不健康，我就真没办法幸福生活了？我能做点什么让自己每天感觉更好一点呢？

当你处在极度痛苦的时候，其实幸福的阈值也是挺低的。那个时候，我只要身体没那么疼，就会很开心。对我而言，找到健康就等于找到幸福。自从有了这个念头，我变得没那么沮丧了。我的注意力开始改变，想着如何让我的身体更好一点，怎么能让自己开心一点。正是因为转念，我慢慢从那种情绪崩溃的状态中走出来。

有的时候，有些观念真的很难"转"，我就试着去"断掉"那个念头。比如到了澳大利亚两年后，只要不做剧烈运动，我的身体基本和正常人无异了。但是，我非常害怕阴天下雨，只要这种时候，我的日子就会变得煎熬起来，晚上翻来覆去疼得睡不着，开车的时候，膝盖会抽筋不听使唤，踩不了刹车。我不断问我的医生和康复师，我还能做点什么？得到的答案始终是：Something you can't change it，live with it（有些事你改变不了，只能与之相处）。我明白这个道理，可是还是让我陷入绝望好几天。我不断问自己：这是真的吗，真的是真的吗？我又卡住了。因为问的这两个人是我当时能找到的最权威的人士。

我当时的沮丧，源于自己深深的无力感，还有难以忍受又无法改变的疼痛。后来，我找到了一点小乐趣，我发现我的膝盖和尾椎比天气预报还准，看着别人的车停在了外面被冰雹砸了，或者下大雨被困住了，我却能安稳躲在家里。说不上是窃喜，但确实没那么悲伤了，能够基本客观地看待这件事了。

经过多年训练，我现在已经能够比较快地断掉一些念头了，我会问自己两个问题：

这个想法能让我产生愉悦的情绪吗？

这个想法对结果有支持作用吗？

如果这个念头不利于我达到最后的结果，也不能让我情绪愉悦，我会很容易地放下它。

情绪的产生，不仅仅受诱发事件影响，更是由自己对事件的看法和信念所决定。其实很多负面情绪事件的背后，都有积极正面的意义。当我们学会转念，看见积极的意义，想法变了，心情也就变了。然而每个人的信念和价值观都跟自己的家庭教育、成长环境等相关，已经潜移默化地嵌入自己的心智和行为模式中，所以大多时候，你很难发现自己信念的不合理性。这时不妨多跟人请教（或者读书、学习、旅行等），在跟不同的人和事情的碰撞中，你会发现自己的认知盲区，松动原有的信念和认知，从原来的情绪惯性中走出来。

3.6　改变这四种模式，放下愤怒情绪

愤怒是我们日常中非常频发的情绪，生活中各种人和事都有可能会引起你的愤怒，比如你可能因为堵车生气，因为伴侣不做家务生气，因为孩子考砸生气，因为父母不爱惜身体生气，甚至会因为外卖迟到 30 分钟生气。人们不仅仅因为外界的人和事愤怒，还会对自己愤怒，比如考了好几次还没通过考试，制定了目标却完不成计划，此时你看似对外界发脾气，其实是对

自己无能而愤怒，只是没有意识到或者不想承认罢了。除了具体的人和事，一些创伤性记忆也会引发愤怒。创伤性记忆是内心里留下了创伤性的情绪火药，当外界给了你同样的感受时，你的情绪记忆会被自动调用。这种情况建议寻找专业的心理咨询师处理。

愤怒的发生过程

既然愤怒是最普遍的负面情绪，那就先来看一看为什么我们会愤怒。愤怒研究者瑞安·马丁（Ryan Martin）在他的演讲中描述过愤怒情绪产生的过程，如图 3 – 2 所示。

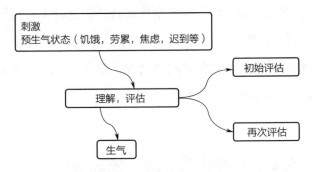

图 3 – 2 愤怒情绪产生的过程

当我们处在预生气状态时，受到了刺激，然后这个刺激进一步被理解和评估，最后产生了一个反应——生气。

我们前面已经提过情绪 ABC 理论，如果跟图 3 – 2 对应的话，可以看得到，事件 A 对应这里的"刺激"，认知/信念 B 对应"理解，评估"，结果 C 对应"生气"。

　　这里值得我们注意的是"预生气状态"。预生气状态是指在触发事件发生之前我们已经处在压力状态，有可能是生理层面上的（比如劳累、饥饿、身体不舒服），也可能是心理层面上的（比如焦虑、紧张、挫败）。这就解释了为什么我们面临同样一件事，有的时候会生气，有的时候不会——只有当我们处在预生气状态时才更容易生气。可以看得出，预生气状态往往也是精力不足的时刻，或者是身体上的能量匮乏（饥饿、劳累），或者是心理上的能量告急（焦虑、迟到）。不知道你有没有留意过，自己什么时候最容易发火？是不是晚上已经疲惫不堪，孩子还磨蹭着不写作业或者不洗漱睡觉的时候？或者开车着急赶路的时候？因为这些时刻都是典型的精力不够的预生气状态。到底是因为精力不足导致了愤怒，还是愤怒消耗了精力，进一步导致精力不足？这类似于一个鸡生蛋蛋生鸡的问题，总之，这是一个负向循环，务必要跳出这个圈。这也给了我们管理愤怒情绪一个思路：如果想减少愤怒情绪的产生，就尽量不要让自己处在极度疲惫的状态里。

　　减少情绪愤怒的另一个思路，则是去干预这个过程中的"理解评估"模式，即我们的认知和信念（B），我称之为"认知重组"。那么，容易引起情绪愤怒的认知和信念主要有哪些呢？我总结为四类：灾难化思维、二元对立思维、"应该"思维以及"人事不分"思维。

四种引发愤怒的认知模式

　　什么是灾难化思维呢？举个例子，我今天赶飞机，到了机场却发现航班被取消了。这个时候有些人会非常愤怒，有些人则比较淡定。什么样的人最容易愤怒呢？是那些放大问题、灾难化结果的人。他会认为，今天飞机取消了，我没按时赶到客户那里，客户会不会对我不满意？我会不会失去这个客户？老板会不会看低我？我今年的工作绩效会不会被影响？等等。他的头脑中一瞬间就叠加了一堆灾难化场景。有些想法是正常的，有些则是放大了灾难。往往那些有灾难化思维的人，遇到一点风吹草动就会生气。再举个现实中常见的例子，孩子考试没考好，有的家长会暴跳如雷。这样的家长心里想的是什么呢？"让你好好学习，你不好好学，你看考砸了吧？再这样下去，以后等你考不上大学，找不到工作，赚不到钱，怎么办，难道靠啃老吗？让你不要玩游戏，还偷偷玩，以后玩游戏成瘾了，又没能力养活自己，怎么办啊？"家长越想越气，恨不得揍孩子一顿。事实上，一次考试没考好导致长大没工作或者游戏成瘾的概率能有多大？这就是典型的灾难化的结果。

容易引发愤怒情绪的第二种认知模式是"二元对立思维"，也就是非黑即白、非对即错的思维模式。那些爱愤怒的人，总以为自己是对的，当别人的想法跟他不一致时，就会愤怒。然而，世界上真的有绝对正确和错误的事情吗？有这样一个小故事：在一次警匪交战中，一个警察和歹徒同时受伤被送到医院。因为医院资源有限，医生先去救治了歹徒，而警察因为救助不及时而牺牲。等在外面的警察非常生气，跟医务人员产生了一些摩擦。在他们看来，警察是去救人的，理应得到优先救治，而歹徒十恶不赦，本就可以判死刑的，凭什么先救他？但是从医生的角度来看，他们要遵守自己行业的希波克拉底誓言，他们在抢救病人时，要遵守众生平等的原则，理应优先救治受伤更严重的歹徒。在这种情况下，谁对谁错呢？只是立场不同罢了。其实这在日常生活中也很常见。最近我父母在装修，在订家具的时候，我爸爸看上了一套颜色很深的家具，但是我更希望他们选择原木色的家具。因为长期研究心理学，我知道颜色对人是有影响的。我觉得父母年龄大了，不希望家里总处在一种压抑的氛围里，颜色浅一点的家具，会让家里显得温暖、明亮和温馨。但是，我爸妈坚决不喜欢原木色的东西，这不符合他们的审美，他们就喜欢那种深色的中式风格的家具。所以，这件事到底听谁的呢？我采用的方式是，谁是房子的主人就听谁的，我尊重了爸妈的意见。如果在几年前，我可能还会跟爸妈去争论，如果他们不听我的意见，我可能还会有点生气。但是现在我明白，那不过是我们在各自的逻辑和认知里去坚持自己的东西而已。所以在二元对立产生的时候，我们不能只看表面的争论，而是需要去沟通，去理解对方的需求，站在对方的立场看问题，有一个基本的共情能力，而不是因为意见不同而针锋相对。很多时候很难说谁对谁错，有可能双方都是对的，也有可能双方都是错的。我们不需要把己方答案看得那么重要，不要认为任何事物都有一个正确答案。当你放下了非对即错的执念，很多事情也就不会再引起你的愤怒。

　　引起愤怒情绪的第三种认知模式是"应该"思维。什么是应该思维呢？就是在他眼里，这个事情应该怎样，那个事情应该怎样，有很多标准和判断，有很强的掌控欲。其实这跟上面的二元对立思维有些相似之处。专门研究愤怒情绪的心理学专家 Dr. Deffenbacher 说："愤怒程度高的个体给我们的潜在信息是'事情应该按照我的意愿发展'。愤怒的人往往认为他们是正确的，因此任何阻碍或改变他们计划的人/事物都是无法容忍的，他们认为自己不应该遭受这样的痛苦，可能别人应该，但'我'一定不应该。"有些人的应该思维太过强大，总认为事情的走向应该按照自己的意愿发展，不允许任何人中途去改变或者打破他的计划。万一他的计划没有百分百被实施，是他难以容忍的。有些人在亲密关系中，常常因为一些应该思维而彼此伤害。比如，有些人自我要求高，然后就会拿着相同的标准去要求伴侣和孩子，还要求伴侣和孩子也拿着这套标准来要求他们自己。当对方达不到这种要求时，他就会失望，进而愤怒。可是，你是否想过，这套标准是否因为太高而不切实际，你的标准放在别人身上，是否符合别人的意愿？有些家长在给孩子补习功课的时候，讲了三遍，孩子听不懂就开始发火了，往往这个时候，家长都以为孩子应该听懂，但是孩子的理解能力真的达到了家长以为的水平吗？有些老板觉得员工应该像自己一样热爱公司，热爱加班，可是这样的应该真的符合员工的利益吗？面对这些因为应该思维而产生的愤怒时，我们要去反思，我们的"应该"是不是只是自己的思维定势？它真的符合现实吗，还有其他可能性吗？当你放下了这些"应该"，你会轻松很多，愤怒会少很多。

第四种是"人事不分"思维，其实这一点跟我们的自尊心有关。有些人的自尊心并不是很稳定，当他遇到一些表现不如意的事情，外界给了他一个"负反馈"，感觉自尊心受到伤害，他就会非常的愤怒，觉得别人在否定自己，甚至自己都在否定自己。记得在刚开始工作的时候，我面对公司里各大名校背景的"大神"有些自卑，应对自己的工作又有些捉襟见肘。当我的领导在办公室当众指出我的错误时，我恨不得当场怼回去，我觉得是她看不起我，认为我不行。其实现在看来，只是我脆弱的自尊心在作怪。我没有做到"人事分离"，把领导的一句话，跟自己的自尊心连接了起来。当我们把人和具体的事情分开，知道事情没做好，不代表我永远做不好，这只是一个短暂的状态，不是永恒的结果。当我们有了这个认知，就不会因为别人的一个评价而暴跳如雷，也不会因为自己做不好而生气。关于自尊心的部分，在这章的后面有更多解释，可以去深入了解。

通过理解愤怒的产生过程，我们认识到，避免让自己处于"精力告急"状态，以及改变自己的思维认知，是减少愤怒的关键因素。在日常生活和工作中，注意避免灾难化思维、二元对立思维、"应该"思维以及"人事不分"这四种认知模式，可以帮你减少愤怒，做情绪平和稳定的自己。

3.7 解读焦虑信号，过不焦虑的人生

对于现代人而言，焦虑可以说是非常普遍的情绪。什么是焦虑？焦虑其实是对未来未发生的事情的担忧与恐惧。焦虑本是一种正常的情绪，可以理解为是一种心理防御机制，让我们变得警醒以应对未知或者可预测的危险。但是，现在很多人都存在过度防御的现象，严重者甚至影响了工作和生活。

现代人为何如此焦虑

德国心理学家卡伦·霍妮在她的著作《焦虑的现代人》中说，"为了欲望，为了安全的需要，有时人们会认同、顺服、屈从某些自己也并不相信的东西，但最后总要付出极高的心理代价，因为他无法避免激烈的内心冲突。"无法否认，现在的一些社会风气和过度的营销展示，以及朋友圈里的那些尖子生，总会让你觉得生活应该是什么样子的，而自己总是离那些标准还有一些距离。总有人赚的比你多，房子比你的大，工作比你努力，孩子比你的优秀。同龄人在抛弃你，后辈人在追赶你。欲望太多，精力太少，当有限的精力匹配不上增长的欲望，焦虑就产生了。

有时候，我们就像被潮水裹挟着，一股脑地往前冲，忘记了思考一下自己内心想要什么。这几年很多人都很喜欢一些网红大 V 描述田园生活的视频。视频里的大 V 们过着世外桃源般

的生活，一处小院，远离城市的喧嚣和快节奏，日出而作，日落而息，以最朴实的方式呈现着田园风光和返璞归真的美学，活成了多少人的向往。或许，我们之所以向往，就是因为我们厌恶了现实里你追我赶永不满足的奔跑，我们也幻想着，换一条赛道，让自己悠然自得。什么样的人才能不被裹挟呢？是那些真正理解自己，知道自己是谁，心里有"根"的人。当你知道内心想要什么，坚定自己的目标，即使依然很忙，也可以在自己的赛道上忙而不乱。

我并不是一个只熬鸡汤却不行动的人，虽然我说"你可以不被裹挟"，但是我也承认，我们都是普通人，上有老下有小，上有老板要汇报，下有员工要负责，虽然被飞快的工作节奏卷到疲惫，但是依然要负重前行，生活中很难没有焦虑。那么，在这样的大背景下，我们日常中能做点什么，让自己过得没那么焦虑呢？

如何应对焦虑情绪

我们前面提过，任何情绪的来临，都带着想要告诉你的信息，焦虑也不例外。焦虑这种情绪想告诉你什么呢？无非告诉你以下四种信息：时间和精力紧张、能力不足、事情很重要、不确定因素过多。

（1）时间和精力紧张。当一个任务时间很紧的时候，你会焦虑。就比如 2022 年 7 月的时候，我接到编辑的邀请去写第 3 本书，并且开出的条件很诱人。但是我当时马上就感到了焦虑，说实话，我当时在搬家，要直播，要上课，还在写这本书，基本处在满负荷的状态，当听到让我去写样章参加审稿会的时候，我本能地感到紧迫。怎么办呢？我就去和编辑沟通，协定好明年年底再交稿。当我把时间线拉长以后，这种焦虑马上就不见了。对于这种由时间紧张导致的焦虑，要么选择延长时间，要么主动去增加资源，都是很有效的方式。什么是增加资源？比如老板让你 24 小时内完成一个全新的 PPT，你可以选择把 PPT 美化部分外包出去。又比如一位妈妈要在职场上完成一个紧急项目，可以邀请伴侣或者请个看护人来照顾孩子，以便自己有更多时间投入到工作上。当你有了足够的资源，时间和精力没那么紧缺时，焦虑就缓解了。

（2）能力不足。比如我刚开始接到同读书院的工作邀请时，我也有些焦虑，虽然我自己也做 IP，但是我一直专攻于产品和服务，这次合作中涉及的销售和"引流"部分一直是我的弱项。但是我知道这件事从长期来看，对我是有好处的，所以还是接了下来。我识别了这个压力来源于我的能力不足，就去报名了两个课程，请了两个相关领域比较有结果的老师做我的私人顾问。我一边学一边做，还有老师给我反馈，这就弥补了我的能力上的短板。我的交付结果，是我个人当前的能力加上我的学习的结果，以及后面两个智囊给我的支持，我的焦虑就消散了。其实很多时候，我们会因为焦虑而放弃一些难得的机会，其实你本可以去提升自己的能力，通过学习或者借力弥补不足。记住，不要让焦虑影响你做正确的选择。

（3）事情很重要。记得在国外读书的时候，有一门课的期末作业是要求我们分组完成论文，然后再以 PPT 的形式去做一个演讲汇报。这个演讲在期末分数中占不小的比例，并且演讲只选两个同学代表，但是会影响全班 45 个人的成绩。而我就是那个要做 PPT 汇报的人。我全程跟进了整个过程，也提前很久就准备，但是依然很焦虑，我发现我的焦虑源于这件事太重要了，它决定了很多同学最终能否顺利拿到学分，这给了我太大的压力。我看到了这件事的重要性，于是就花更多时间去准备，把所有的内容了然于心，随着我准备得越来越熟练的时候，我的心也静了下来。

（4）不确定因素过多。对于这类不确定性太多的事情，要么去寻找更多信息，增加确定性，要么就遵循一个原则：尽人事听天命，与其焦虑无法控制的部分，还不如把注意力放在自己能把控的地方。

在我看来，焦虑的头号敌人是"行动"。当你为一件不确定的事情过分担忧的时候，不如直接去做点什么，去创造你想要的结果。也许心中的目标让你觉得太过遥远而给了你更多的焦虑，但是当你能识别这个信号，并能拆解出切实可行的步骤，寻找可用的资源，你就可以破解它，而不会成为焦虑情绪的俘虏。

3.8　跟压力愉快地玩耍

在如今的快节奏生活下，好像人人都顶着巨大的压力，如果谁说自己没压力，反而成了异类。家长周末带孩子穿梭于各种补习班之间，自己还要想着工作。有时候一边辅导孩子作业，还一边拿着手机回复工作消息。大家马不停蹄地奔跑着，追赶着，生怕自己空下来。我以前刚到澳大利亚的时候，看到大家在海边什么都不做，只是躺着晒一天太阳，也是很不习惯。其实，从精力的角度讲，一直紧绷着是不科学的。我们只有保持张弛有度的状态，才能保证高精力水平和高效能产出。也正是如此，如何与压力和谐相处，如何平衡工作和休息，成为成年人的必修课。

压力的积极意义

什么是压力呢？从生理角度来讲，当人在受到威胁或刺激时，身体的交感神经系统会被激活，并开始释放大量的压力荷尔蒙。这会使得整个身体处于应激的状态之下。此时，人的心跳会加速，肌肉会变得紧绷，血压上升，呼吸变得急促，感官变得敏锐。从压力来临时的身体变化可以看出，压力反应在远古时代是存在于我们肌肉记忆力的"战逃反应"，帮助人类在遭遇威胁时快速进入战斗状态或者逃跑。

因为压力来临时，身体会发生一系列反应，很多人会说，压力对身体是有危害的。真的是这样吗？在凯利·麦格尼格尔（Kelly Mcgonigal）的演讲中提到，压力对于健康的有害影响并不是不可避免的，关键在于你如何看待压力。如果你选择将压力视为有益的，你会变得有勇气。如果你选择在有压力时与他人沟通，你会变得有韧性。当然，如果你觉得一有压力天就塌了，消极对待，那么压力对身体就有消极影响。

其实压力对我们是有好处的，因为当你有压力的时候，大部分时候都是因为你走出了舒适区，进入了成长区。在舒适区，你很少有压力和焦虑，不需要太努力，但是也丢掉了成长的机会。一旦进入成长区，你会感到不舒适，需要付出努力去克服，一旦熟悉后，压力会逐步变小。所以，压力对我来讲，就是个信号灯。压力的存在，正好是锻炼"逆商"的时候。

什么是"逆商"呢？"逆商"（Adversity Quotient，简称 AQ）全称为逆境商数，还有人译为挫折商或逆境商。它是指人们面对逆境时的反应方式，即面对挫折、摆脱困境和超越困难的能力。其中压力测试就是逆商测试中的一部分，压力的到来正是一个训练我们的逆商的好机会，可以增加我们的抗压力甚至是意志力精力，训练我们百折不挠的精神。

所以，从此刻换个观念，压力是个好东西，别怕，更别逃。

如何跟压力愉快玩耍

说压力是个好东西，前提是你要正确学会应对压力和平衡压力。你不可能长期处在压力中，最好的状态是处在一个动态平衡中。就像一根皮筋，你不能让它长期处在伸长的位置，需要让它适当回缩，才能保持弹性。或者你把自己想象成肌肉，当肌肉过度使用时就容易拉伤，如果经常不用就会萎缩。所以，压力的平衡，也是一门艺术。

我之前会用番茄钟来刻意训练自己的"恢复力"，比如连续工作了 90 ~ 100 分钟，只给自己 2 分钟休息。经过一段时间的刻意练习，压力恢复的时间会有机会缩短。比如说有些运动员比赛的时候叫了 1 ~ 2 分钟的暂停，之后他立马就绝地反击，追回比分。还有一些人打乒乓球，叫暂停之后，表现越来越差。这就是能否快速休息和恢复带来的区别。

现在很多人会拼命工作，但就是不会放松和恢复。就像是一个电池，只是耗电，但根本不懂得充电，不充电必然就容易导致死机。其实充电分两种，一种是主动的，比如我会主动给自己设置休息时间按下暂停键。另一种是被动放松，也就是你的压力实在太大了，而被迫停下。在这种被动的情况下，你很难有好的表现。一般被动释放压力有哪几种表现呢？最常见的，比如情绪崩溃、生病，这些都是压力下身体给你的信号。

值得注意的是，每个人都有属于自己的"度"和"节奏"，我们要尊重自己的生理规律，你一旦把休息时间放得过长，重启也会痛苦，就相当于车子熄火后，你需要点火、热车、加速，花费的时间会比较长。人可不像车子这么简单，因为人是有情绪的，你一旦调动了情绪，就很难快速走出来，从而进一步影响我们的精力水平。

除了注意充电时长，每个人充电的方式也是不同的。以前，我觉得我爱旅行，那么旅行就是我的充电方式，但后来发现，不是的，旅行也分各种具体情况。如果我去海岛，关掉手机，躺在海边，晒晒太阳，就会感觉很放松。但如果去新的城市旅行，我就会非常亢奋，比如我去佛罗里达州海明威的故居，就忍不住去研究他的故事，恨不得把他爷爷和孙子都研究一遍，这个时候根本放松不下来。

去旅行还是需要较高成本的，那么日常有没有更简单的应对压力方法呢？比如工作时间长了，有点头疼，如何快速恢复呢？最简单的方法是去运动，从脑神经科学角度讲，运动改变大脑，运动会刺激多巴胺的分泌。当然，运动要适量，假如你的体能就能维持 30 分钟跑步，就不要一次跑两个小时，这种超负荷的运动起不到放松的作用。除了运动，做个水疗按摩也不错。有的时候，我会找个好朋友聊聊天，也会觉得很放松，疲惫不知不觉就消散了。当意志力崩溃或者身体非常疲惫的时候，我大概率会直接睡觉，而且不做任何决定，因为决策也会导致疲劳。

当然，有的压力并不是我停下来休息或者放松就可以缓解的。比如一个大项目亟须完成，此刻让我去度假或者停下来去找朋友玩一天，我也不会有那个心情，这个时候，我们就需要学会"转化压力"。其实压力跟焦虑往往相伴相生。当你产生压力的时候，往往也代表着以下 4 个方面出现了挑战：时间、能力、资源和重要性。这跟焦虑的情绪信号是类似的，具体可参考"解读焦虑信号，过不焦虑的人生"那一节，把压力转化为行动力，压力就不再是问题。

渐进性肌肉放松训练法

除了旅游、运动、按摩等缓解压力的方式，在生活中有没有更方便高效的方式呢？下面介绍一种随时随地能用的放松方式——渐进性肌肉放松训练法（PMR）。它最早由美国生理学家艾德蒙·捷克渤逊（Edmund Jacobsen）于 20 世纪 30 年代创立，后来被逐步完善，是目前被广泛应用的一种放松方式。

人的放松，包括身、心、脑三个方面，从任何一个方面入手，都可以起到放松的作用。因为我们的躯体和思维、情绪是相关联的，改变躯体，情绪、思维也会出现变化。当你心情紧张时，不仅"情绪"上紧张、恐惧、害怕，思维混乱，而且全身肌肉也会变得沉重僵硬；但当紧张的情绪松弛下来后，沉重僵硬的肌肉也可松弛下来，头脑也会安静下来。比如我们去按摩的时候，会发现僵硬和疼痛的肌肉放松下来，身体的疲劳随之减轻，心情也会轻松愉悦。有一次去上瑜伽课，跟着老师进行肌肉放松练习，我发现自己入睡快了，深睡时间长了，睡醒后的精力状态也越来越好。从那个时候起，我就越发注意到肌肉放松的神奇功效。渐进性肌肉放松训练法，就是从肌肉放松入手，训练我们能随时放松全身肌肉，从而达到保持心情平静，缓解紧张、恐惧、焦虑等负面情绪的目的。

渐进式肌肉放松方法具体如何操作呢？你可以坐着或者躺着，依次放松身体的各个部位。

1. 脚趾肌肉放松

动作要领：将双脚脚趾慢慢向上用力弯曲，与此同时，两踝与腿部不要移动。持续 10 秒钟（可匀速慢慢默数到 10），然后渐渐放松。放松时注意体验与肌肉紧张时不同的感觉，即微微发热、麻木松软的感觉，好像"无生命"似的。20 秒钟后，做相反的动作，将双脚脚趾缓缓向下用力弯曲，保持 10 秒钟，然后放松。

2. 小腿肌肉放松

动作要领：坐立，将双脚向后上方朝膝盖方向用力弯曲，使小腿肌肉紧张。保持该姿势 10 秒钟后慢慢放松。20 秒钟后做相反动作。将双脚向前下方用力弯曲，保持 10 秒钟，然后放松。放松时注意体验紧张感的消除。

3. 大腿肌肉放松

动作要领：坐立，绷紧双腿，使双脚后跟离开地面，持续 10 秒钟，然后放松。20 秒钟后，将双腿伸直并紧同时并双膝，如同用两只膝盖紧紧夹住一枚硬币那样，保持 10 秒钟后放松。注意体验微微发热的放松感觉。

4. 臀部肌肉放松

动作要领：将双脚伸直平放于地，用力向下压两个小腿和脚后跟，使臀部紧张。保持此姿势 10 秒钟，然后放松。20 秒钟后，将两半臀部用力夹紧，努力提高骨盆的位置，持续 10 秒钟，随后放松。这时可感到臀部肌肉开始发热，并有一种沉重的感觉。

5. 腹部肌肉放松

动作要领：高抬双腿，使腹部四周的肌肉紧张，与此同时保持胸部压低，保持该动作 10 秒钟，然后放松。注意由紧张到放松过程腹部的变化。20 秒钟后做下一个动作。

6. 胸部肌肉放松

动作要领：双肩向前并拢，保持胸部四周肌肉紧张，体验紧张感，保持该姿势 10 秒钟，然后放松。此时，会感到胸部有一种舒适、轻松的感觉。20 秒钟后做下一个动作。

7. 背部肌肉放松

动作要领：向后用力弯曲背部，努力使胸部和腹部突出，呈桥状，坚持 10 秒钟，然后放松，20 秒钟后往背后扩双肩，使双肩尽量合拢以紧张其上背肌肉群。保持 10 秒钟后放松。放松时应注意背部的感觉。

8. 肩部肌肉放松

动作要领：将双臂外伸悬浮于沙发两侧扶手上方，尽力使两肩向耳朵方向上提，保持该动作 10 秒钟后放松。注意体验发热和沉重的放松感觉。20 秒钟后做下一个动作。

当你感到疲倦时，可以做这套动作让自己休息放松一下。睡前也可以做一遍，帮助自己快速入睡，提高睡眠质量。当你练习得足够多，会越来越快地将浑身肌肉放松下来，这将成为你的一套强有力的放松工具。

了解了这么多的减压方法，你的最高效的减压方式是什么呢？你需要多久给自己一个小的减压，什么时候需要一个大的减压呢？这需要你自己去探索、体验和记录。当你对压力有了一个正向的认知，学会正确解读压力信号，并且有一套自己的压力恢复方式，压力就不再是你的敌人，而是助你成功的助推器。

3.9　放下完美主义，减少精力内耗

前面我们了解和认识了情绪，以及在日常生活中如何增加积极情绪、应对负面情绪和压力。其实，当你对自己的情绪模式了解越深入，你会发现，这些消耗我们精力的情绪模式背后还有一些更深层的原因，就如同一台电脑的底层操作系统，几乎每种情绪挖掘到最后都离不开这套底层的内容，比如，你的自我接纳的程度，你的自尊自信水平等。有些人的底层操作系统，是为他的精力做加法，即赋能的，而有的人的底层操作系统，则是在原有精力基础上做减法的，我称之为内耗型思维。接下来四节，我们将主要讨论如何调节这套操作系统，去从根源上调整情绪，从"耗能"到"赋能"模式。

我们主要讨论最常见的四种"内耗"模式，分别是完美主义、低自我接纳、低自信与低自尊。我们先从完美主义说起。

完美主义的内耗模式

"以追求完美为借口，无论大事小事，一切工作都崇尚严谨，不允许出现任何失误，想靠自己的力量去完成所有工作，结果总在拖延、犹豫、推迟……不仅工作毫无成果，还把自己折腾得疲惫不堪。"古川武士在《完美主义扼杀效率》[一]中这样

[一]　《完美主义扼杀效率》，［日］古川武士，北京日报出版社，2022。

说道。完美主义者倾向于设定高目标，并以此作为自己有价值、被接纳的条件，若目标不能达成，便会从整体上否认自己。完美主义者不仅仅会设定高目标，还会因为他定的目标过高而不敢开始，当一件事的把握程度没那么高时，他的畏难情绪会很大，他的完美主义会把它推向行动力极弱的一端，这是第一种内耗。第二种常见的内耗方式是，当这件事没有达到他的心理预期，他可能会很不满意，还顺带着自我否定。所以，完美主义者在事情开始前犹豫拖延，在过程中反复纠结，在结束后又各种挑剔和不满意，是一种非常典型的内耗特质。

完美主义的固定型思维

根据我在教学和个案中的经验，我发现所有的完美主义者都有固定型思维。什么是固定型思维呢？简单举个例子，有人张口就说："我从小就这样，脑子笨""我是个内向的人，不爱说话"。有固定型思维的人，习惯定义自己是什么样的人，好像上天就是如此安排的，无法改变。为什么会出现这种思维呢？在《终身成长》[⊖]这本书里作者提到，人们拥有固定型思维，是由于他们在人生的某一刻，这种思维是符合他们心理需求的。固定型思维告诉他们是谁，或者他们想成为什么样的人。比如一个聪明或者有天赋的孩子，会告诉他们如何成为这个理想中

⊖ 《终身成长》，[美]卡罗尔·德韦克（Carol Dweck），江西人民出版社，2017。

的人或者表现优秀。这种思维模式能够为当时的他提供获得自尊的方案，让他获得他人的喜爱和尊敬。我的一个咨询案主曾跟我讲过她的故事（已授权）："我从小就被家人说不会讲话，不会哄长辈开心。所以，我一直觉得自己是个不讨喜的人。但是自从上小学后，我的学习成绩特别好，这好像成了我被家人喜欢的唯一理由。当家长们聊家长里短的时候，只要提起我的成绩，爸妈都觉得脸上有光。可能就是从那个时候，我给自己定义为，我是个不会说话，但是会学习的人。这导致了我越来越不喜欢在别人面前讲话，但是对自己的成绩要求特别高。每次考试之前，好像怎么复习时间都不够用，恨不得把每一分、每一秒都要利用起来，我输不起，不敢想象爸妈失望的目光，似乎只要有一次我考不好，我在爸妈面前就丢掉了唯一的挡箭牌。"这个姑娘有非常强的完美主义倾向。因为完美主义，她获得了不错的学习成绩，获得了来自家长的认可。然而，这种完美主义也导致了她的内耗与输不起。

如何破解完美主义

其实成长型思维是治愈完美主义的良药。我就是一个典型的拥有成长型思维的人，有的人是对过程有完美期待，有的人对结果有完美要求，但我做一件事情的时候，就完全没有这种阻力。比如我最近开始做一个新的视频号，主要负责流量运营。虽然我是设定了目标的，可是我也知道，这不是一条直线前行的路，过程中我一定会遇到一些我没处理过的状况。所以我把中间过程中所有不完美的地方记录下来，然后去反思下次如何避免同样的错误并且做得更好。在这个过程中，我是没有太多内耗的，我不会因为一点小问题就抓着不放来自我折磨，否则既影响了进度，又浪费了精力。

如何塑造自己的成长型思维模式呢？结合我的经验，我总结出来"3个一"，即：一个问题，一个思维，一个行动。

一个问题：你是期待一个小的、一次性的完美，还是持续的、可增长式的大完美？显然，大多数真正的完美主义者都会选择后者。

一个思维：过程即反馈，终点即起点。什么意思呢？我在执行过程中，可能会经历一些挫折、困难、失误，这些都是反馈信号。如果是正向的反馈，就按一个确认键：这么做是对的。如果是负向的反馈，则代表此路不通，需要调整策略和方法，然后再测试下一条通路。

一个行动：按照反馈的内容去采取相应的一个小行动。通过不断调整，就得到一个循环通路。下一次的开始是站在这次的反馈结果之上的，一次次不断地优化和循环，让事情向前发展。通过这种方式，来解决完美主义的精力浪费和行动阻力。

我的小助理是典型的完美主义者，她刚开始负责微信公众号运营时，非常纠结，每发一篇推文都有把头发薅光的架势。后来我就教了她这个方法，下面是她使用后的反馈：

一个问题：你是期待一个小的、一次性的完美，还是持续的、可增长式的大完美？

　　我的确期待每一次都做得很好，但是我更想要长期可增长式的大完美。运营微信公众号不是一朝一夕的事情，期待每篇文章都被喜欢是妄念，能够持续增长，不断吸引更多的优质用户，才是更大的成功。

　　一个思维：过程即反馈，终点即起点。

　　每次推文都是一次测试的机会，比如，通过点击量就可以看出哪种题目更能引起用户关注，通过阅读量可以看出哪种主题受众更广。

　　一个行动：按照反馈的内容去采取相应的一个小行动。

　　不管文章写得好不好，先去做，每次告诉自己，不贪多，只注重一个点。这次验证如何写题目，下次再验证如何写开头，通过时间的积累，慢慢做得更好。

　　她通过这几个问题，一次次提醒自己，慢慢放下了一次性完美的妄念，写作效率高了很多。

　　完美主义者大多是被自己的固定型思维所阻碍。如果你是一个完美主义者，那么试试通过一个问题，一个思维，一个行动，放下完美，转换为成长型思维。

　　放下情绪内耗，节约更多的精力，不断前行，让自己在更大的空间和更长的时间线上获得更大的"完美"。

3.10　学会自我接纳

　　"一般完美主义与自我接纳是相互对立的，完美主义者倾向于设定高目标，并以此作为证明自己有价值、被接纳的条件，若高目标达不成，便从整体上否定自己。"我一开始了解自我接纳，是从这句话开始的，并且以为只有完美主义者才会有低自我接纳，可是后来发现并非如此，即便有些人不是完美主义者，也存在着或多或少的低自我接纳。这些人可能没那么高的完美主义倾向，但依然对很多事情不满，并且很容易在一些事情上做"反刍"。什么是反刍呢？它是一种反复加工和自我相关的负面信息的思维活动。在这个反复思量的过程中，很容易产生情绪内耗，造成精力浪费。

我的自我成长体系中有个错题本，是让学员记录下哪些方面做得不够好，或者我看到别人做得好的地方，以便去不断优化和调整自己的工作和生活。后来有些学员跟我反馈，这个写的过程太难受了，根本没办法坚持。我还以为是我拆解得不够细，或者讲得不够明白，还邀请我的小助理跟我一起拆解，我自己也分享了自己的案例，想尽办法降低执行难度，结果并不尽如人意，于是我开始私聊学员了解情况。她们说，"我看到自己这么多错误，没有办法去面对，一看到错误就很自责。"如果一件事让自己感觉非常不舒服，那么这件事就很难有坚持下去的动力和持久性。通过这件事，我才发现大家其实或多或少在一些方面还是有不自我接纳的情况。

我的错题本会写什么呢？比如：

生活错题本：有一次用大火煎鸡蛋把家里的烟雾报警器弄响了，自己开着空调和窗户对着报警器扇风10多分钟。在澳大利亚烟雾报警器响一定的时长火警会出警的，费用为 2000 澳元，且由个人承担，当时的我很紧张。我记得当时开的是电磁炉的 8 档，没有开抽油烟机。所以我就会把这件事记录在我的生活错题本上，然后备注：早饭煎鸡蛋要么开 6 档，要么开 8 档＋抽油烟机。

工作错题本：有一次直播上课，使用的软件不能连麦，也不能共享 PPT。因此我临时上传课件浪费了一点时间，也用了留言的方式和学员互动。课后我升级了自己的电脑系统，解决了这个问题。

又如，有一次早上开了手机处理微信，一下子忙到了 11 点，11 点又开始准备中午 12:00—14:00 的直播，15:00—19:00 个案咨询。个案咨询之后要处理微信信息。也就是说，我的写书时间被挤没了。后来我决定挪用午休时间 14:10—14:50 写书。结果状态特别差，写了删，删了写，写了不到 500 字，既不满意，还耽误了休息，下午全靠毅力完成了个案咨询，结束之后想直接躺下休息。总之，这就是个赔了夫人又折兵的计划。还不如当时去踏实睡午觉，也许还能早点完成个案咨询，晚上留点精力写书。后来我就在错题本上写了：明于选择，智于放弃。

接纳你的身体、能力和性格

什么是自我接纳呢？自我接纳是指个体对自我及其一切特征采取一种积极的态度，简而言之，就是能欣然接受现实自我的一种态度。自我接纳包含两个层面的含义：一是能确认和悦纳自己身体、能力和性格等方面的正面价值，不因自身的优点、特长和成绩而骄傲；二是能欣然正视和接受自己现实的一切，不因存在的某种缺点、失误而自卑[一]。

我看到很多人对自己的身体不接纳，尤其是女性，觉得自己皮肤不够白，腰不够细，腿不够直等。其实这些所谓的美的标准都是人为定义的，并非客观事实。古代的美和当下的美不一样，你认为的美和我认为的美不一样。而且，很多身体的特征是无法改变的，我也不会花精力在这些无法改变的地方。小的时候，有很多人都说我的腿太细，像麻秆一样，还开玩笑说爸妈虐待我。别人的玩笑在年少的我的眼里一点都不好笑。我一直很嫌弃我的麻秆腿。直到我学习穿搭的时候，太多朋友说羡慕我的大长腿，我才意识到我的腿原来这么漂亮。这些所谓的审美是动态的，我经常鼓励学员对着镜子里的自己说："我就是我，不折不扣的我，美没有绝对标准，我正在学着接纳自己和喜欢自己。"往往学员说着说着，会发现原来的嫌弃和不满意都会减少。

对于能力和性格，这些其实是可以改变的，只不过取决于你的决心。能力只需要刻意练习，把注意力放在行动上而不是情绪上，你想要的能力就可以有。对于性格，也并非不可以改变。我其实是内向性格的人，有结果导向和极简主义，向来都

[一] 从进化心理学角度探析自我接纳，陈红艳，中国知网. 2009 – 11 – 16。

是能少说就少说，能不说就不说，更谈不上积极主动地社交。
这几年因为教学，为了更好地和学员互动，为了让学员理解我
的表达，我的话越来越多了。了解我的人会知道，我平时不是
特别喜好或者善于言谈，可是现在越来越多的人都在说，Luna
乐观开朗、善于言谈，认为我性格外向。我自己再去做性格测
试的时候也惊喜地发现，我以前的内向指数是非常高的，现在
倒也居中了。所以性格也不是不可变的。如果你认为性格里有
不喜欢的地方，去改就好了。再者，非常重要的一点，性格没
有所谓的好坏。每种性格里面都有自己的优势和劣势。李欣频
老师说过一句话："用尽的优势就是劣势。"比如有的人非常喜
欢社交，在社交上花了太多的时间，就没有时间用来运动健身、
学习或者陪家人了。那么这种擅长社交何尝不是一种劣势呢。
对于缺点和失误，这些都是反馈，是我们下一步行动的指示灯，
无须在这上面自责和耗费精力。

认识你自己

其实自我接纳很重要的一点，就是要了解自己，客观地评
价自己，既不高估也不低估。我看到很多人对自己都是带着满
满的敌意和厌恶的。我让学员先给自己写几个评价，再让她们
去朋友圈问问别人眼中的自己是什么样子的。然后大家会发现
一件很有意思的事，自己眼中的自己和别人眼中的自己都隔着
一个"买家秀"和"卖家秀"的距离。自己眼里的自己到处都
是缺点，在别人眼里却尽是优势。你也可以去问问自己尊重的

师长，综合多方的答案，带着觉察去梳理和研究自己，去了解自己的优势，与众不同之处和发展潜力，了解自己的生理特征、理想、价值观、兴趣爱好、能力、性格特征等。这里提供一个自我了解的表格（见表3-3），你可以尝试去填写。

表3-3　个人信息收集表

个人信息收集表—Luna	
生理特征（身高、体重、肤色、发质）	
价值观	健康生活，高效工作，事业有成，家庭幸福美满，财富自由； 能量守恒； 人生少留遗憾和剩饭； 精力水平决定生活品质； 家是讲爱的地方，不是讲理的地方，家里不争对错、不争输赢； 做100分的自己，80分的妻子，60分的妈妈
兴趣爱好	读书、旅行、跳舞、运动
能力	学习能力、自我管理能力、逻辑分析能力、沟通表达、项目管理等
性格	（通过一些性格测试来帮助我了解自己，包括九型人格测试，MBTI等）

我会不断地通过一些与事、与人的交互去了解自己，比如我会每天复盘情绪，通过情绪去了解自己。通过这种方式，你就会发现，其实你所有的所谓的缺点，只是站在了一个面上去看，而忽视了另一面。我有个学员，她很讨厌自己"想事情太多"，总觉得自己因为想太多而太累，行动力不够。可是当她

做了一份策划类的工作的时候，她发现这种思考周全的习惯为她带来了很多好处，别人跟她相处都觉得省心和放心。她才意识到，原来"想太多"也可以是优点。

如果对于有些方面你真的不满意，那你就拼尽全力去改就好了。当你真的拼尽全力的时候，你会发现，要么就真的改了，要么就真的接纳了。当然，这里要改的地方，是指你能够改变的部分。接纳自己，改变可以改变的，接受不能改变的。这样就不会对自己的一些小"瑕疵"耿耿于怀，也不会不敢面对真实的自己，抑或是花了很多时间精力来粉饰太平，去制造一个梦幻的泡泡给自己，然后用更多的精力去维持这个泡泡。

3.11　打造你的自信赋能系统

现在我们来简单地做一个测试。找一张白纸，去写 20 句对自己的评价，写完再来看下面的部分。

你对自己有怎样的评价

我自己在课堂上让学员做过这个练习，我发现很多人的自我评价，一半以上都是负面的。生活中的自我否定者有很多，因为缺乏内在价值感，就导致了不自信。自信大部分源于成功的暗示、优点的发挥，以及清楚认识自身的优点，灵活运用优势并长时间的总结积累。再简单来说，自信就是优点加行动，得到自己的"资本优势"。

在心理学中，与自信心（confidence）最接近的概念是班杜拉（A. Bandura）在社会学习理论中提出的自我效能感（self-efficacy）的概念，是指个体对自身成功应付特定情境的能力的估价。爱默生曾经说过，自信是成功的第一秘诀。美国著名的女作家海伦·凯勒，幼年因病丧失了视觉和听觉。她14岁学会多门外语，通晓德、法、古罗马、希腊的文学，20岁考入著名的哈佛大学，是自信自强的代表人物。自信的人聚焦于自己的目标而拼搏，而不自信的人则会花掉很多精力用于自我否定或者纠结犹豫。他可能心里想去尝试迎接更大挑战，但是因为不自信又在心里纠结，给自己设置障碍，甚至导致本属于自己的机会擦肩而过。

最早我以为，人们在自我接纳之后就不会有自我否定了，那自然而然就自信了，后面我发现并非如此。除了一些孩子从小在成长过程中就被培养了无条件的自信外，大多数人从自我接纳到自信中间，还是隔了一大段的距离。换句话说，自我接纳后，你的系统不会再给自己的基础精力减分了，但也做不到赋能加分。

如何建立你的自信赋能系统

如何建立自信的赋能系统呢？我认为主要有两点：第一，要相信自己会进步，说到底这是一种成长型思维。第二，是培养自我改变的能力。当你一次又一次带领自己去超越之前的自我，走出舒适区，获得新的成功，你就会越来越自信。

　　当然改变并不容易，需要一些优秀的品质：比如不害怕面对挫折，以及积极的人生态度。前面我们说过，所有的挫折都是反馈，这个反馈就是在提示我们此路不通，要换一条。当你一次次超越挫折，走出舒适区，就可以战胜自我怀疑，不会落入思维格局的困境，也不会轻易受到外界的影响和打击。有人说，我天生悲观，做不到积极乐观。这是符合人性的，丹尼尔·卡尼曼指出，我们的祖先就是通过记住自己遇到过的有毒浆果，并把这些信息告诉亲友，才得以生存下来。相反，如果和亲友描述 10 种美味的浆果，则不会带来这么明显的益处。所以，这条法则被我们继承了下来，很多时候我们会对着自己一点小的不如意而愤怒，但对自己的进步却熟视无睹。但是，积极乐观是可以培养和选择的。你可以选择乐观，也可以选择悲观，如果你从小没养成乐观积极的性格，那么推荐一个前置练习：感恩日记。如何写感恩日记，参考"找到你的正面情绪充电宝"。

　　当你拥有了不怕挫折、积极乐观的态度，并且一次次去行动，去改变和突破自己，我们就会对自己越来越自信。因为你无数次带自己从原来的 a 点（当时的自己）到达了 b 点（理想的自己），这些给了你成功的体验，让你自然而然感受到自信。其实可以说，自信是行动力给的。

　　这里有几个坑需要注意。比如说运动这件事，你不能奢望从一个平时走路都犯懒的人，转身就变成健身达人。记得给自己设置一个小台阶，踮踮脚就能够到。很多人在改变自己这件事儿上太着急了，企图以不切实际的方式达到理想的状态，甚至还有人用错了方法。其实我自己就掉过这个坑。我在遇到车祸之后恢复了一段时间，觉得自己四肢不协调，一点柔美感都没有，就想着去学习钢管舞。后来去学了几次，发现根本不行，因为我当时核心力量不够，别说去跳舞了，把自己挂到钢管上都不现实。幸亏当时的老师非常有经验，她跟我分析了我的身体现状和挑战后，我就愉快地放弃了钢管舞。现在想想，如果我当初自不量力坚持要学，后果可能是自己无数次受挫，对自己更加怀疑。在沟通中我告诉了老师我学跳钢管舞的目的，她建议我去学地面上的舞蹈，比如韩舞、爵士舞之类的，同样柔美，但对核心力量的要求没那么高。我听了她的建议，真的越跳越好，身体也没那么僵硬了。在这个自我改变的过程中，有三点很重要：第一，心态不能急。第二，设计适合自己的改变路径。第三，找到合适的老师。一个好的老师可以给予很多宝贵的建议，帮你少走弯路。跳舞这件事，给了我很多自信，原来很多的"不能"都能变成"能"。我不断用这种方式来增加自信，当我遇到新的事物的时候，我觉得我行，我可以做到，我的自我效能感也越来越强。

第二件让我的自信更上一层楼的事情就是写书了。这是我的第二本书，写第一本的时候，稿子改了 12 遍，其中还有被打入谷底的经历，但我还是坚持一次次找人请教、学习、修改、虽然经历波折，这本书终于在 2022 年 5 月出版了。我突破了外界的评价，穿越了内心的恐惧，然后我发现，我更加自信了。

当初决定写书的时候，我也有一些自信，那时候的自信来源于我的行动力，我相信自己可以面对任何挫折并解决。但对写书这件事没经验，心里确实是有些紧张的。如果说平时的自信有 60 分，那么在写书这件事上我的自信只有 20 分。但经过写书的磨炼，我的平均自信能到 80 分了，对写书的自信也提到了 50 分。

如何快速提升自信

前面说了一些长期提升自信的方法，那有没有可以短期快速提升自信的方法呢？也有，比如采用高能量姿势，就可以瞬间提升我们的自信。有一些姿势是比较开敞和霸气的，比如把手臂撑开，把脚跷到桌子上，又或者摆出一个像超人的姿势，可以快速提升我们的状态（见图 3 - 3）。

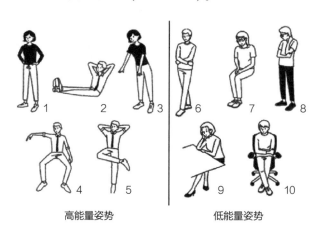

高能量姿势　　　　　　　　低能量姿势

图 3 - 3　高能量姿势和低能量姿势⊖

⊖ 《高能量姿势》，[美] 埃米·卡迪，中信出版集团，2019 年。

除了改变姿势，改变声音语调、眼神也是调整自信状态的好方法。平时你可以了解自己在自信的时候的声音和眼神，以及不自信时候的样子。当你去做公开演讲的时候，你就可以用自信的声音去说话，用自信的眼神去回应听众，这样你的自信会自然而然被调动出来。因为我们的身体和心理是相互连接和影响的。当你不断用身体的信号告诉自己，我是自信的，那么短期内，你的内心也会认为自己是自信的。

如果我们想提升自信，就要学会调整自己的心态，在自己能控制的范围内，选择去冒险和突破，抱着成长型思维，抱着自己会进步的心态，增强你的行动力，通过一次次成功地跨越舒适区来提升自信。这是我们提升自信最普遍的方式。对于一些特殊时刻，想要提升自信时，我们可以通过改变身体姿势、声音、眼神等来快速调整到想要的状态。自信对我们的精力以及人生的成功非常重要，期待你能提升自信，为自己打造一个精力赋能系统。

3.12　别让自尊成为你的精力杀手

有个学员跟我说，她觉得跟同事很难相处，换了几份工作都是如此。我好奇是为什么，她说，同事跟她沟通的时候，说话没那么客气，或者不对她笑，都会让她觉得不舒服，感觉自己自尊心受到伤害。她跟同事相处起来很耗能，本能地想躲避，因此带来了很多工作上的阻力。

原来，她的问题源于她不恰当的"高"自尊。这让她过分敏感，别人的一举一动都可能碰触到她的自尊，造成精力上的内耗。

四种自尊状态

在《恰如其分的自尊》[一]一书中，作者提到人的自尊状态分两种，一种叫高自尊，一种叫低自尊。高自尊的人一般表现为行动高效，做事情能够坚持，从而产生一个良性的循环，他敢于做出有争议的选择，即使失败了，复原的速度也很快。那低自尊的人有哪些表现呢？低自尊的人很难决策，容易被周围的人影响，并且容易放弃。他可能会迫于压力去坚持，同时又很怕失败。当然，低自尊有低自尊的好处，比如他表现得很谦卑，也更容易被周围的人接受。

根据稳定水平和高低水平两个维度自尊可以分成四种（见图 3-4）：

第一种，稳定的高自尊：这些人受外界影响小，平静、坚定。特点是：一般情况下自尊水平波动小；很少花费力气吹嘘自我；处于劣势、面对批评或失败时很少为自己辩解；能够理性倾听批评。

第二种，不稳定的高自尊：易受刺激、反应激烈。特点

〇 《恰如其分的自尊》，［法］克里斯托弗·安德烈（Christophe André）/［法］弗朗索瓦·勒洛尔（François Lelord），生活·读书·新知三联书店 生活书店出版有限公司，2015。

是：一般情况下自尊水平波动较大；花费很大力气吹嘘自我；处于劣势、面对批评或失败时极力为自己辩护；情绪化地对待批评。

第三种，稳定的低自尊：逆来顺受、不愿主动表达观点、消极。特点是：一般情况下自尊水平很少波动；往往处于消极负面的情绪状态；面对外界反应会有情绪变化，但行为很少受影响；相信自己无法达到个人目标。

第四种，不稳定的低自尊：取得成功后自尊阶段性提升、谨慎、小心、努力塑造更好形象。特点是：一般情况下，遇到成功时，自尊水平可能上升；处于积极与消极参半的情绪状态；面对外界反应会有情绪变化，行为也相应做出调整；渴望社会赞许，导致偏离自己的个人兴趣。

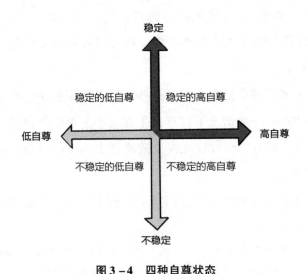

图 3 - 4　四种自尊状态

不恰当的自尊带来精力内耗

在我看来，无论是哪种固定的自尊，都会导致精力有所消耗，因为自尊是人本能的一种精神需要，大多时候，人们会不自觉地花力气去维护自己的自尊，还有一些人还会因此引起情绪。比如说，我见过有一些极端高自尊的人，他可能会去吹牛，或者过度地去夸大自己，让自己的形象有一个很大的"泡泡"。这是非常耗费精力的，毕竟高于真实的东西需要更多的谎言来维护。大多数人没那么严重，但是也会不容易面对真实的自己，甚至去逃避很多事情。还有一些高自尊的人，他在日常中会不自觉地去证明对错。本来别人很客观地描述一件事，他会本能地说："这不是我的错。"我之前有个同事，从小受到了比较多的否定或者控制，她长大后遇见一些事，不管别人是不是在指责她，她的第一反应都是，我没错啊，这不赖我！因为这种态度，她很容易在开会讨论的时候，把气氛弄得很紧张，偶尔还会引起矛盾。这是高自尊的人常会有的一种精力浪费。当然，稳定的高自尊的人一般不会如此，因为不需要刻意表现或者证明去维护自己的自尊。

还有很多低自尊的人，他的精力浪费在哪里呢？是逆来顺受。他不愿意表达自己的观点，会把自己的情绪压抑在自己的身体里，要处理这些情绪当然会消耗很多精力。还有一些人，过分小心谨慎，不敢暴露真实的自己。比如说，当他觉得自己有一些小的、被认为是不好的东西，他就会去尽量掩盖。当一个人试图掩盖问题的时候，就不容易去解决它。因为他把所有的精力能量都用在掩盖它上，而不是去找解决方式。归根结底，这类人的内耗也是极大的。并且，往往低自尊的人自我价值感会很低，这会影响他的配得感，不敢去争取。明明自己做了很多努力，遇见属于自己的机会，不去争取，也不为自己发声。当你对外界关闭了你的展示通道，那么你内在的硬件精力不管有多强，别人也很难看见，错失了本应该属于自己的人生机会。

恰如其分的自尊

我比较推崇的是恰如其分的自尊，有弹性的自尊。当我自己处于高自尊状态的时候，我会时常反思和监督自己：我是不是又在为了我的形象去吹一些漂亮的泡泡？当某件事情没有做好，打击了我的自尊的时候，我会不断地告诉自己：我只是这件事没有做好，和我这个人无关。我会把人和事以及情绪分开。比如说，我今天在直播中有些话没有说好，开会的时候被我的老师指出来了，我不会给自己贴标签，说我就是播不好，我就是不擅长直播等，这样很容易伤到自己的自尊。我只是告诉自己，有些地方我还需要改善，下次做好就可以了。

此外，如果一个人具备有弹性的自尊，当他遇见外界各种高低不同自尊的人时，他才能更好地跟他们相处和共事，才能把每个人的优点都充分利用。我见过一些人的自尊心非常强，他就没有办法跟高自尊的人去合作，因为两个高自尊的人，谁也不愿意先低头，谁也不愿意放低姿态。两个低自尊的人则很可能在沟通上出现问题，因为他们都不愿意表达，甚至对一件事的思考过于负面。只有一个有弹性的自尊者，才能在日常生活中和各类不同的人相处，节省下宝贵的能量放在实现目标上，而不是维护自尊上。

如何获得有弹性的自尊

如何才能获得有弹性的自尊呢？首先，改善完美主义、低自我接纳等，提升自信，然后对自己有一定的认知，你就会比外界更了解自己，不再通过与外界的互动去维护自己脆弱的自尊或者完美形象。

其次，在与外界交互的过程中，要时时刻刻去觉察自己，你的情绪状态是不是跟自己的不恰当的高自尊有关。比如说，在公司里一个同事见到你没打招呼，你可能第一反应会觉得对方不尊重你，你很生气。这个时候，你要觉察，是不是我的高自尊在作怪，他只是没跟我打招呼，能代表什么呢？可能他当时很忙顾不上，可能当时他在想事情没看见我，为这样的事生气，值得吗？又或者，即使是他真的不在意我，又如何呢？为了维护自己的自尊而生气、消耗精力是最优解吗？花时间去提升自己的业务能力是不是更有意义？

对于低自尊的人，要时常告诉自己，事情和人是分开的，一件事没做好，不代表我不行，只是我没找到合适的方法和路径。当你把事情和自尊分开，你就会对自己有更清晰的认知，不会过度否认自己，进一步伤害自己的自尊心。很多时候，别人的一些言行的确会伤到自己的自尊，这个时候，我会告诉自己，把他的功课还给他，把我的功课做好。别人的言行只是代表他的认知、他的状态、他的理解，这是我无法控制，也不想去负责的。所以我会把他的话或者行为丢出去，还给他。这是属于你的，如果我不接纳，那么就还是你的。就相当于别人送我一个礼物，我没有收他的礼物，那么这件礼物的所有权就还是对方的。这样，我的自尊就不会因为别人的对待而受到影响。

不恰当的自尊是精力"大杀器"，我们有太多时候为了维护自己的自尊而产生不必要的情绪，造成精力的损耗。因此，要学会了解和觉察自己，做好"功课分离"，培养恰如其分的、有弹性的自尊。

本章小结

情绪可以称之为"软精力"，正面情绪可以在原精力基础上加分，而负面情绪则是精力收割机。精力管理高手，亦是情绪管理的高手。这一章里，我们首先认识和了解情绪，改变对情绪的固有偏见，把情绪当作朋友。接下来，我们学习了如何在日常生活中为正面情绪充电，以及当负面情绪来临如何高效应对。这里我们介绍了情绪急救包、转念等各种方法，并且重点讲述了愤怒、焦虑等高频情绪的应对之策。压力和情绪往往是相伴相生、难以分割的，因此也给出了压力的管理方法。最后，我们认识了几种容易导致情绪内耗的模式，比如完美主义、低自我接纳、不自信、不恰当的自尊，学习如何从"耗能"模式转化为"赋能"模式，升级我们的"底层操作系统"。

1．每种情绪的背后都隐藏着它的积极意义，而我们要做的就是去解码这些信号，做情绪的朋友。

2．情绪管理的第一步是记录情绪。记录情绪发生的事件和场景，分析情绪背后的成因和需求。

3．根据人们大脑接收和处理外界信息的偏好，人们理解世界的方式可分为视觉型、听觉型和感觉型。你可以根据自己的偏好，去寻找适合自己的正面情绪充电宝。

4．通过长期书写感恩日记，我们会变得更加乐观，对生活中的小幸福更加敏感，可有效提升正面情绪的比例。

5．避免在情绪中做任何决定，以减少决策失误。

6．面对负面情绪，第一步，深呼吸让自己静下来。第二步，可采用环境法、交流法、运动法或者静思法等任何一种方法来扭转情绪。

7．情绪觉察日记可以帮助我们看见情绪，看见引发情绪的原因，看见自己的真实需求，以及寻找解决方案。

8．情绪 ABC 理论：激发事件（A）只是引发情绪（C）的间接原因，而直接原因是个体对事件 A 的认知、评价而产生的信念（B）。

9．一念之转的四个问题：

1）这是真的吗？

2）这真的是真的吗？（你能百分之百肯定那是真的吗？）

3）如果你有这样的想法，会怎么样？

4）如果你没有这样的想法，你该会是个怎样的人？

10. 避免让自己处于"精力告急"状态，以及改变自己的思维认知，是减少愤怒的关键因素。

11. 引起情绪愤怒的认知和信念主要有四类：灾难化思维、二元对立思维、"应该"思维以及"人事不分"思维。

12. 焦虑带给你的四种信息：时间紧张、能力不足、事情很重要、不确定因素过多。

13. 压力对我们是有好处的。压力的存在，正好是锻炼"逆商"的时候。

14. 对于压力，最好的状态是处于"压力—放松"的动态平衡中。就像一根皮筋，你不能让它长期处在伸长的位置，需要让它适当回缩，才能保持弹性。

15. 渐进式肌肉放松法，通过肌肉放松的方式，达到情绪和思维的放松。

16. 破解完美主义需要塑造自己的成长型思维，可参考"3个一"模型：

一个问题：你是期待一个小的一次性的完美，还是持续可增长式的大完美？

一个思维：过程即反馈，终点即起点。

一个行动：按照反馈的内容去采取相应的一个小行动。

17. 认识和客观评价自己是自我接纳很重要的一个方面。你可以在与人和与事的交互中，不断去觉察和认识自己。

18. 建立自信的赋能系统：第一，具备成长型思维，相信自己会进步；第二，培养自我改变的能力，一次次超越自我，一次次走出舒适区，行动和结果会带来自信。

19. 通过高能量姿势、声音语调和眼神，可以快速提高自信。

20. 人们常常为了维护自己的自尊而损耗大量精力，推荐大家建立有弹性的、恰如其分的自尊。

21. 把人和事分开，一件事没做好，不代表我不行，只是没找到合适的方法和路径。不要过度否认自己，伤害自己的自尊心。

Great
Energy
Management

第 4 章
精力管理之专注篇

4.1 深度工作与双峰工作法

早上到了办公室，你正准备打开电脑，完成那份老板特别重视、可能影响着自己升职加薪的方案，一个电话打来，同事着急跟你要一份报告。就在你努力完成那份报告的间隙，一封老板发过来的邮件又让你焦虑不安，赶紧回邮件……虽然你很想集中注意力先完成那项最重要的任务，可是杂七杂八的事情让你无法专注下来，你忙于应对各种事情，忙到不可开交，可是到了晚上一想，好像也没做什么特别有价值的事儿。

你经历过类似场景吗？在这个信息丰富、节奏加快的时代，人们每天在不同的事件中切换，专注力成了最稀缺的事物。有时候，你也想专注下来，可是发现自己大脑好像不受控了，一会儿想起来还没发的快递，一会儿想起来明天要交的报告……你丧失了专注的能力。

不良多工

这是现代人的通病，无法专注在一件事上，习惯在多个任务之间来回切换。有个专门的词来描述这种现象，叫"不良多工"，最早由高德拉特在《关键链》中提出。简单来说，不良多工是指人们会不由自主地"一边做这个，一边做那个"，让大脑同时处理两件及两件以上的事情。这种方式看似提高了效率，其实不然。因为人类的大脑并不支持这种模式，你以为自己的大脑线路是"并联"的，其实它是"串联"的，也就是说，大脑一次只能处理一件事。明尼苏达大学商学院教授苏菲·罗维（Sophie Leroy）在一篇论文中提出，当我们没有完成任务 A 的时候去做任务 B，大脑中仍有一部分资源对 A 进行运算处理，这部分仍然处理任务 A 的资源，叫作"注意力残留"。这部分残留会影响我们在事件 B 中的表现，因为多个任务很可能让你感到焦虑，且本能地有一种想回去完成事件 A 的冲动。也就是说，你同时花在两件事上的精力，都不是你的精力峰值。在这个切换过程中，你可能会损失 20% ~ 40% 的效率。毫不夸张地说，这种工作方式正在慢慢地扼杀我们的专注能力和工作效率。

深度工作

如果想让大脑的工作效率最大化，就要避免"不良多工"，而是采取另一种工作方式——深度工作，这是一种在无干扰的状态下专注工作的方式，这种状态下，人的认知能力可以达到极限。

深度工作到底有多重要呢？古今中外许多有成就的人士都在用这个方法来工作。比如 16 世纪的散文家米歇尔·德·蒙田，在远离自己法国城堡石墙的南塔楼区建起了一座私人图书馆，而马克·吐温的《汤姆·索亚历险记》大部分都在纽约库阿里农场的一间小屋里完成。马克·吐温的书房离主要房屋区太远，以至于他的家人要吹号吸引他的注意力，召唤他回去吃饭。微软首席执行官比尔·盖茨每年都有两次"思考周"，在这段时间里，他会远离世事（通常是在湖边小屋），只读书和思考大局。

我也很热衷于深度工作法。我有很多课程都是在断开网络一周的时间里打造出来的。在写书的关键点，我也会断开手机，有时会刻意找个不受干扰的地方，比如一个海边城市，谁也不认识，全部身心投入其中。有时则自己在家断网 3 天，手机开飞行模式，提前告知大家我要闭关。还有的时候，我会进行半天的深度工作，去家周边的图书馆。

双峰工作法

我们这些职场人能用深度工作的方式吗？毕竟远离人或者完全远离电子产品都不现实。我曾经做过各种尝试去创造深度工作的环境，比如拔掉电话线、关闭手机提示功能、去没有人的会议室等，但是，这些都难以打造长时间的"真空"状态，总有人会因为紧急的事情来找你。在公司里，大部分工作是同事间合作完成的，我不能让自己的工作影响了别人的工作进展。经历了各种尝试之后，我认为双峰工作法是适合现代职场人的工作方式。

所谓双峰工作法，是指将个人的时间分为两块，其中一块时间为深度工作时间，追求高强度、无干扰的专注，去做需要深度思考和创造性的事情；另一块完整的时间为浮浅工作时间，去做一些繁杂琐碎的事情，比如沟通工作、收拾房间、整理资料等。在这种方式下，我们可以跟外界保持连接，同时可以短时间地专注工作，是更容易实现的。

我大部分工作时间都采用双峰工作法，比如早上起来先读书 1 个小时（7:00—8:00），然后洗漱、吃早饭和做沟通性工作（浮浅工作 8：00—10：00），然后写作（深度工作，10：00—12：00），中午录制视频、买菜、吃午饭、睡觉（浮浅工作12:00—14:00），然后点评学员作业（深度工作 14:00—17:00）……

这一天里，我会让我的大脑的不同区域交替使用。一般一个人可以有多长的深度工作时间呢？哈佛大学的一项研究表明，一个 8 小时的工作日，我们能保持深度工作的时间最多是 4 个小时，普通人每天一般能保持 2 小时深度工作已经很不错了，其余的时间都是由浮浅工作填满的。一般在精力状态比较好的时候，我可以完成 5 小时左右的深度工作。但也并非是连续的，需要拆成两个时段，中间会安排运动和午睡。不然我一天的深度工作也就只能在 3.5 小时左右。

另一个值得注意的点是，大脑一次专注时间最长不超过 2 小时，我们要遵守人体本身的节律。所以说不是深度工作的中间就不能休息，我下午看作业的 3 个小时里，中间也会休息一会儿。如果进入了心流状态，专注时间会长一些，那么心流之后，我也会留出更长的休息时间。

设计你的深度工作时间

有人会说，我怎么就找不到1—2小时的深度工作时间呢？要么电话干扰，要么一上网就被弹窗吸引了，时间被拆得七零八碎。还有人说，我即便有了大块时间，也进入不了专注的状态，思维不受控制地四处遨游。怎么办？其实深度工作是需要设计的。

第一步，找到打扰比较少的时间段。

以前我们单位早上9:00上班，但有些人其实9:30才正式工作。他们一般先到单位吃个早饭，女同事去卫生间化个妆，男同事去抽根烟，也就是说，在9:30之前，很少有同事来找你。所以我只要确保我在8:30到单位，就可以有1个小时的深度工作时间。每天中午我都早一点去吃饭，当大家陆陆续续吃饭和午休的时候，我又有了1个小时的深度工作时间。其实当你工作久了，和团队有了默契，你可以告诉同事你的时间安排，什么时候是你的专注工作时间，以及什么时候是专门的沟通时间。我见过一些特别高效的团队，他们的工作节奏是同步的，比如每天早上有90分钟是静音独立工作时间，每个人都专注于自己的工作。

关掉手机提示音，卸掉干扰你的手机应用。在大数据时代，各大网站利用种种算法机制，总能在恰当的时机给你推送最感兴趣的内容，你很容易就掉进商家为你设计的"屏幕陷阱"，而你的注意力成为商家的广告费或者流量费。所以，大家不要高估自己的自制力，深度工作的时候把手机放进抽屉，果断关掉手机的推送和提示音，卸掉那些对你一旦陷进去就很难走出来的 App。你可能会觉得卸载 App 有些夸张，难道空闲时间也不能娱乐一会儿吗？其实不用担心，等你需要的时候再装上就好了，并且因为重新装载需要时间，在很多"可用可不用"的时候，你会选择"不用"。

这里想强调一点，长时间看手机会损害大脑。如果把我们的大脑比作电脑，当电脑接收太多信息，程序开得太多的时候，运行速度就会变慢，如果不小心点开错误信息，说不定还会中毒，储存一堆垃圾文件在电脑里。同理，当我们的大脑长期被电子碎片信息占据的时候，大脑会逐渐习惯这些"少思考、高刺激"的模式，在工作时无法专注和深度思考。这也是为什么现在很多人习惯了看一两分钟的短视频，一旦视频超过五分钟就失去耐心，甚至连看电影都难以沉浸其中。

第二步，安排与自己能力匹配的工作任务。

工作任务太简单的话，很难调动你的最高认知和效率，你会不自觉地走神。但任务也不能太难，否则就算断掉手机也没用，你的大块时间还是被畏难情绪所吞噬。所以在进入深度工作之前，我会提前评估我的任务，如果太简单了，我可能会刻意提升速度，或者提升质量，来增加难度。如果太难了，我会拆解任务，把一个大任务拆成阶段性的小任务，或者去求助外界资源，找有经验的行业专家来帮我拆解，给我一些可行的思路。记得之前在地产企业工作时，老板让我写一块地的投资分析报告，而且是全英文的，时间紧、任务重，我以前从没接触过这种任务，完全没思路。怎么办呢？我赶紧去找了几份大公司的报告，提取出基本的框架，照猫画虎，先有个大概的模样。但是我发现中间有些表格需要一些基础数据，当时的我根本没有这些背景资料，于是又赶紧去找中介补足这部分数据（往往中介的经验是非常丰富的）。然后又找朋友要到了各种地方政府的网站，找到数据参考。当我把这些线索收集齐，有了大致的思路，我断掉手机，用了2天时间，完成了一份让老板满意的报告。

当然，在进入深度工作之前，你还需要做一些准备工作，比如我今天要写书，我会提前准备好所需要的参考资料，而不是等进入状态后，又跑到书架上去翻书或者上网找资料。等把所有都准备好，就可以进入断网环境，让自己完全沉浸在工作中。

专注是高效的前提，如果你无法做到专注，即便有大把精力也会被浪费掉。但不少现代人都丧失了专注的能力。对于职场人士，我建议采用双峰工作法，深度工作与浮浅工作交替进行，既保证深度工作的高效，又相对容易实现。在设计深度工作时，注意两点，一是不被干扰的环境，二是难易适宜的工作任务。那么，现在就去梳理一下，你每天的深度工作时间是在什么时候？

4.2 大脑保养术

"996""007"成为当今社会的热词，大概意思是大家的工作时间太长。但是，想要高产出，拉长时间战线真的是最智慧的方式吗？新叶项目管理（New Leaf Project Management）创始人杰克·内维尔森（Jack Nevison）提出了一个定律，叫"五十定律"。什么意思呢？他在一些项目中发现，如果一周工作超过 50 小时，额外的工作时间非但不能提升生产力，反而会使生产力倒退。他的另一项研究表明，就算工作 50 小时也只会产生37 小时的有用工作，如果工作 55 小时，有用工作时长便会降到接近 30 小时的水平。所以每周工作时间如果超过 50 小时的临界点，时间投入越多，生产力就越低。

我们要明白的一个事实是，大脑也要遵循次昼夜节律，也就是大约每 90—120 分钟，人的精力会衰退，大脑会发出"打哈欠""伸懒腰"的指令，注意力难以集中。这些信号都是在提示我们："我需要休息了"。我们最好配合大脑的自然规律，不要强迫自己单纯在时间上堆积，而是让大脑在属于自己的节奏里得到最好的发挥。

如果想要提高大脑的使用效率，除了要遵照大脑的规律，定时休息，我们还要有意识地做一些保养，来恢复它的最高效能。我主要推荐两种，一个是冥想，一个是大脑的"断电"。

冥想

第一次听到"冥想"这个词是在 2012 年国外的视频网站上，后来在书里也陆续看到一些说法，说冥想让人"更聪明"，一下子就引起了我的好奇。后来我去做了一些功课，发现的确有大量研究表明，有规律的冥想（大约每周 6 小时）可以改变大脑结构。哈佛大学神经科学家研究发现，经常冥想的人，他的大脑中与决策和记忆有关的额叶皮层灰质更多。多数人的大脑皮质层随年龄增长而衰老萎缩，而 50 岁的冥想者的大脑灰质数量与 25 岁的人相当。在日常生活中，更多的大脑灰质会带来更积极的情绪，更持久的情绪稳定状态，以及更高的专注力。衰老会降低我们的脑灰质水平与认知功能水平，而冥想被证实能减弱这种效应。科学家还发现，长期冥想打坐，可增加前额叶脑皮层和右前脑皮层的厚度，而这些区域是控制人的注意力和感知能力的地方。许多科学家、作家、发明家等名人的前额叶脑皮层都比较厚。

20 世纪 80 年代初，冥想疗法被美国 FDA（食品药品监督管理局）推荐用于辅助治疗焦虑、失眠、抑郁、虚弱、慢性疲劳综合征等病症。麻省理工的乔恩·卡巴-金（Jon Kabat-Zinn）博士开创了"正念减压疗法"（冥想的一种）之后，理查德·戴维森（Richard Davidson）等脑神经科学家用神经影像学的方式做了大量研究后发现，正念练习可以开发新的脑神经网络、改变脑部化学反应，从而改变认知模式等，冥想可以增加端粒的长度，对健康和长寿有极大的好处（端粒是存在于真核细胞线状染色体末端的一小段 DNA-蛋白质复合体，作用是保持染色体的完整性和控制细胞分裂周期。端粒的长度反映细胞复制史及复制潜能。细胞每分裂一次，每条染色体的端粒就会逐次变短一些，因此有科学家认为，端粒的长度跟人的寿命长度有重要关联）。到今天为止，关于冥想的好处，可以说是数不胜数。

我想从大脑的工作模式来说，冥想为什么可以提高我们的工作效率。首先，我们要了解，大脑有三种运转模式。

第一种是大脑默认模式网络，指人在静息、没有执行特定任务的状态（有别于睡眠状态）下，大脑自发性的运作模式网络。这种状态下大脑处于自动游走模式，一会儿想起来明天早餐吃什么，一会儿又惦记家里的猫粮是不是快吃光了。这种模式下，大脑自动在生活琐事或过去与未来之间跑来跑去。

第二种叫凸显网络。当我们意识到大脑没有处在当下，觉察到它并把注意力拉回当下要做的事情的时候，用的就是这个凸显网络。

第三种叫中心执行网络，是专注于当下的模式，比如在认真的上课，或者是沉浸在写报告中，都是应用这个模式。这也是大脑非常高效的模式。

在日常生活中，我们的大脑就是不断地在这三种模式交替下工作。冥想能够减少大脑处于默认模式网络的时间，也就是说，冥想可以帮我们更专注于当下。当你长时间持续冥想，这就变成了一种生活方式，自然也会减少焦虑，集中注意力。可以说冥想是大脑的健身活动，身体需要锻炼和保养，大脑同样需要，而冥想就是大脑喜欢的方式。

冥想有这么多好处，你能坚持去冥想吗？我知道很多人会说，我太忙了，没有时间冥想。但我认为，冥想就相当于"磨刀不误砍柴工"。冥想了这么久，是否变得更聪明我不好说，但我的确感觉专注力有明显的提升。在人生的这场马拉松中，一辆奥拓的速度，肯定是比不上兰博基尼的。而冥想，则可以帮我们从奥拓升级到兰博基尼。想明白了这一点，我就很愿意在这上面花时间。最开始，我每次只坚持 5 分钟，就这样还经常走神儿，然后我把思绪拉回来，重新专注在呼吸上。从开始只能坐 5 分钟，并且需要音乐引导，到后来的 15 分钟，之后又脱离了音乐，直接在安静的环境中保持冥想。慢慢地，30 分钟对我而言毫不费力。在这个过程中，无论是盘腿坐还是坐在椅子上，我认为都不重要，重要的是找一个舒服的姿势，让脊柱直立。现在我把冥想的时间叫作大脑保健时间，有时候累了，就会冥想休息一阵，让大脑重新焕发活力。

大脑的"断电"

除了日常的冥想，如果想让大脑的效率得到质的提高，还有一种方式是通过大脑"断电"，让大脑得到"加强版"的休息和放松。丘吉尔说过，恢复的关键是脱离惯常的工作轨迹。所以，在玩耍的时候，你的身体和思想与工作时的方式完全不同。一项研究表明，在野外待了四天并中断所有与外界的联系之后，学生们在解决问题的能力测试中分数提高了 50%。我非常喜欢一种让大脑放松的方式，就是亲近大自然，让大自然为我充电，放下跟工作相关的任何内容，不去谈论任何工作，也不去阅读相关的书籍。

其实能做到这一点是比较难的，尤其在现在这个社会，大家都没办法脱离手机而生活。我是怎么发现这种方式的呢？这要源于 2018 年的一段工作经历。我那时候还在做酒店相关的工作，在研究酒店的竞品时，我发现有一家美国人开的极简风的酒店，里面什么都没有，进门就要交手机，每天的住宿费要1000 美元。在我看来，这家酒店其实没什么特别高级的服务和配套设置，跟这么高的价格是不匹配的。但是，这家酒店入住率特别高，如果想住进去就要提前很久预订。我对它产生了极大的好奇，什么样的人才会住这样的酒店呢？

入住的大多是一些社会精英和企业高管。后来我发现，这家酒店唯一的竞争力和新奇之处，在于你进门就要交手机，只有在出酒店的时候才可以拿回手机。其实，这家酒店就是帮你设置了一个让你"断电"的环境，在这个不受干扰的空间里让你放下原有的一切，这是核心。

我觉得很有意思，所以我也会慢慢地试着给自己断电。说实话，这不像想象中的那么容易。如果我去旅行休假了，我会在朋友圈告诉大家一声，我休假了，即使如此，也还是偶尔接到工作电话。我发现我自己能"断电"的情况有两种：第一种，去酒店参加一些静心冥想、禅修课等。这是强制性的，过程有些痛苦，但是有外界的约束和监督，可以帮助你做到暂时放下工作和考试之类的事情。第二种，去海岛，而且必须是出海，信号不好的时候手机变"板砖"，当你看到海天一色的美景，注意力自然而然会从工作中脱离出来。

当我经历过两三次这种"断电"，再重新投入到工作和生活中，我发现很多之前解决不了的问题，会有很好的创意和解决方式蹦出来。这种"断电"的方式就一直被我沿用到现在。这种大脑休息术的威力是极强大的，当我们脱离了原有的环境，大脑"断电"之后放弃了过多的信息摄取，在这个过程中就自然而然放掉了固有的思维，当你用充满电的大脑去工作时，总会找到意想不到的解决方案。

但是我们也不得不承认，普通人这样完全放空自己的机会是很少的。后来我了解到犹太人的安息日，在安息日这一天（从星期五入夜到星期六入夜），以色列几乎所有公共交通工具都停驶，包括机场，大部分的餐厅也不营业。人们在这一天里停止任何工作。我想，其实我也可以学习犹太人，给自己设置一个"科技安息日"，每周找一天的时间断掉电子产品和网络，停止思考工作，全情投入地体验当下。就算无法做到断一天，一周断2个小时，也可以给自己的大脑一个短时间的修复和保养。

身体需要保养，大脑自然也需要，每天花点时间冥想，隔一段时间给大脑一个断电，让大脑处在更好的状态中，让专注力更强，让精力发挥出更高效能。

本章小结

注意力在哪儿，结果就在哪儿。专注力成为当今时代的稀缺资源，人们的大脑被各种信息所充斥，精力资源遭到了极大浪费。因此，管理专注力，是精力管理中不可分割的一部分。本章推荐了适合职场人的专注工作方式——双峰工作法，同时提供了两种大脑保养术，提升大脑性能和专注能力。

1. 不良多工是指人们同时处理两个或者两个以上的任务，这样会因为"注意力残留"而导致效率极大降低。

2. 深度工作是一种在无干扰的状态下专注的工作方式，这种状态下人的认知能力能达到极限。

3. 双峰工作法是指将个人的时间分为两块，深度工作和浮浅工作交替进行。

4. 进入深度工作的两个要点：第一，不被干扰的环境；第二，难度适宜的工作任务。

5. 大脑也要遵循次昼夜节律，一般连续最长工作时间不超过 2 小时。

6. 大脑也需要定时保养，冥想和"断电"是大脑喜欢的方式。

Great
Energy
Management

了不起的精力管
理：打败疲惫、
焦虑和压力

第5章
精力管理之目标篇

5.1　聚焦目标，提升精力效能

我们每天的精力再怎么提升终归是有限的，因此，把有限的精力投资在有价值的事情上，拿到最高的回报率，也是精力管理的关键因素。

然而问题在于，人们眼里重要的事情太多了，工作重要，家庭重要，个人成长也重要，我如何在有限的精力下获得更好的回报呢？加里·凯勒在畅销书《最重要的事，只有一件》[⊖]中告诉我们：专注于当下一件最重要的事，就能够获得成功高效的生活。我们想让精力发挥最大效率，专注当下重要的事情，学会聚焦才是捷径。

学会聚焦，就要有清晰的目标和规划。目标除了帮助我们更好地聚焦，同时也自带动能。美国心理学家洛克（E. A. Locke）于 1967 年最先提出了"目标设置理论"（Goal Setting Theory），他认为目标本身就具有激励作用，目标能把人的需要转变为动机，使人们的行为朝着一定的方向努力，并将自己的行为结果

○ 《最重要的事，只有一件》，［美］加里·凯勒（Gary Keller），杰伊·帕帕森（Jay Papasan），中信出版社，2015。

与既定的目标对照，及时进行调整和修正，从而实现目标。当我们有了明确的目标，就可以省下无关的精力消耗，直冲靶心，夺得胜利。

设置一个自带动能的目标

那么如何设置一个给你带来动能并且帮我们聚焦精力的目标呢？我认为三点很重要。

第一，有一个大的蓝图，也可以说是你的长期目标。长期目标让你知道自己想去的地方，在做取舍时拥有长线思维。它就像一个指向标一样，在你迷茫时指引你前行，克服一切艰难险阻。

然而，真相是，我接触的学员越多，越发现大多数人不知道自己的长期目标是什么。我们这一代人大多数从小受到的教育就是要听话，习惯了被安排，长大了有了自由反而觉得无所适从。设定长期目标并不是一件容易的事情，也不是我给一个方法你就可以马上确定的，这里我只想提供一个好用的设定目标的工具，叫生命轮。这个工具可以帮助你逐步明晰自己的目标，并合理分配精力，让目标一步步落地。

生命轮由著名的美国激励大师保罗·麦尔（Paul Mayer）提出，是一个广泛用于商业和个人激励领域，尤其是教练领域的工具。生命轮中包括了人在一生中需要处理的三大类关系，每一类关系又分为不同的维度，覆盖了人的一生中面对的最重要的命题（见图 5 - 1）：

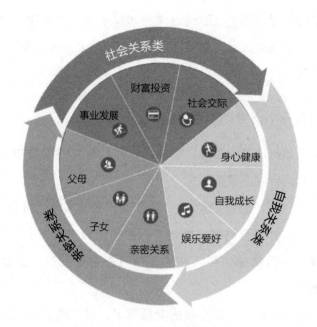

图 5 - 1 人生中的重要命题

社会关系类：事业发展，财富投资，社会交际

亲密关系类：父母，子女，亲密关系（伴侣）

自我关系类：身心健康，自我成长，娱乐爱好

当下的你，或许对自己的目标只是有个大概的模糊的概念，比如我想成为一个优秀的教练，我想成为一个合格的爸爸/妈妈，孝顺的儿子/女儿。现在，需要你首先确定，当下哪一个命题才是你的核心重点？既然要聚焦，就需要做好取舍，什么都放不下，也常常意味着什么都得不到。

第一步，是为你的核心命题排序。比如说，我的排序是：事业发展 > 亲密关系 > 身心健康 > 社会交际 > 娱乐爱好。

当我明确了排序，也就知道了精力分配的优先级，会把精力重点放在重点生命轮上。很明显，在我的精力分配上，事业是第一位的（当然这只是当下的排序，并非长期）。

第二步，对于重点生命轮，重要不紧急的事情是什么？巴菲特说过，每天最重要的事情就是学习，学习对他来说，就是重要不紧急的事情。根据二八定律（帕累托法则），20% 的事情决定了生命中 80% 的结果，重要不紧急的事情，往往就是这 20% 的事情，当然要把精力放在上面。你可以通过表 5-1 列出各个生命轮中重要不紧急的事情，并且分配在上面花费的时间和精力。通过梳理该表格，聚焦目标，让精力产生最高效能。

表 5-1　精力分配表

生命轮	重要程度打分	重要不紧急的事情	目前花费时间	理想花费时间
事业发展				
亲密关系				
身心健康				
社会交际				
娱乐爱好				

第二，设定小目标，注重正反馈。

我跟高鸿鹏老师学习的时候，他会非常强调"易细多长""第一台阶"，也就是设定"踮踮脚就可以够到"的小目标。为什么要设置第一台阶呢？第一，行动阻力不会太大；第二，拿到"正反馈"。第二点尤其重要，当你把自己的目标设置得足够小的时候，你观察自己的颗粒度就会比较细，这时候你每一步发生的变化，自己都能及时看到。当你看到自己每天比前一天有进步，就给了自己一个正反馈，相当于给自己按了一个确认键，这一步是非常有能量的。我在做教练的过程中发现，我在跟学员互动的时候，我会给一些小建议、小方法或者小妙招，当他们去行动了，很快就有了正反馈，然后他们回来告诉我他们的小进步并对我表达感谢，这也让我很开心，这对我来说是极大的动能，给我带来精力上的赋能。

一件事的正反馈来源于两点，第一个是自己给自己的，看见自己每一小步的进步并及时按确认键。这个小目标，千万不要定得太高，如果定得高，你对自己的观察没那么细致，很难看到这个反馈，也就失去了继续向前的动力。让目标足够小，一步一个脚印，从一个台阶开始，走向更大的台阶。第二个是别人给的正反馈。这也是为什么说环境很重要。有时候，一个人走不远，但是一群人共同营造了一个环境，包括外界的监督机制，比如社群里学习，交了押金，还有彼此的监督和鼓励。你看到他的进步，他看到你的进步，这是一个被动和主动赋能的过程。这是我们日常生活中非常重要的一个部分，无论是应用在成长中，还是工作中。

这也是为什么有些人很容易拿到结果，而有些人没那么容易拿到的原因。关键在于在这个过程中，有没有一些额外的东西给你赋能。比如在教学中，我之前很少去做打卡营，我把自己认为好的东西教给大家，希望大家可以自己去落地践行。可是随着我的教学经验的增长，我发现并不是所有人都能把学到的东西用在自己身上，只有极少的学员可以，大多数学员做不到。所以，我开始去做打卡营，帮大家去拆分成更细的可执行的动作，然后带大家按照这个方式一步步去行动。在打卡营里，大家互相监督，如果你到了晚上 10 点还没打卡，就会有人提醒，还有彼此点评和赋能，这就创造了一个很好的氛围。打卡的内容拆得足够细、足够小，大家也很容易落地和拿到正反馈，就越来越有动能。会拆解小目标，并且把自己放到合适的环境中，你就能在正反馈中获得动能。合适的目标，就是合适的精力加油包。

第三，这个目标最好符合你的价值观与热爱。很多人不知道自己的目标是什么，这或许跟我们的成长环境有关。小时候，我们很难有 "我"，耳边都是爸爸妈妈要求怎样，老师要求怎样。一个被过度保护或者过度 "指导" 的孩子，他不知道自己想要什么，而是被别人、被社会价值观或者自己所在小团体的价值观和目标同化了。当你设定了一个对自己没有吸引力的目标，你在执行的过程中是没有动力的。而如果这个目标是你真正想要的，它会像磁铁一样，吸引着你披荆斩棘地奔赴那个地方，这一路上，你可能也会吸引到意想不到的资源。那么如何知道自己的热爱和价值观呢？接下来两节我们讲述。

5.2　让热爱为你赋能

"当你热爱一件事，这件事会自带动能"，我想人们对这一点并没有太多异议。关键是，大多人不知道自己热爱的是什么。

我是如何找到自己的热爱的呢？我的方法比较简单，我一开始并没有去做市面上的各种测试，而是用自己的方式研究出来的。

通过记录时间找到我的热爱

我是通过记录时间找到了我的热爱。我发现我读时间管理相关的书的时候，非常容易进入心流状态，我明明计划读书一个小时，但不知不觉就读了 90 分钟甚至两个小时，这件事就引起了我的关注和好奇。2019 年我在一次线上课学习的时候，这个课程的班主任发现，Luna 在澳大利亚有时差（比国内早 2 小时），可是每次晚上上完课没过多久就能交作业，并且质量很高。她觉得我跟别人有很多不一样的地方，就邀请我去社群做时间管理的分享。

我当时是第一次做时间管理的分享，还精心整理了很多漂亮的 PPT，有动画，有场景等，整个过程都很顺利。再后来就会有人邀请我出个课程，在大概两三个月的准备时间里，我发现我沉浸于和大家做互动、备课、准备 PPT，我很享受这个过程。当时我还是有本职工作的，对比本职工作，这件事让我有很不一样的感觉，它让我发自内心地愉悦。并且在做这件事的时候，我会不由自主地超时，本来计划一小时的事情，我可以沉浸地去做两个小时。慢慢我就意识到，我真的很喜欢做这件事。这就是我找到热爱的一种方式，通过记录时间，发现自己做什么事情容易进入心流状态，找到了自己热爱的事业。

让热爱滋养你的生命

生活中还有一种热爱，我称之为"天然爱"，它们不是你的事业，却是你生活中无法割舍的一部分。比如我就莫名其妙地喜欢跳舞，非常喜欢，只要音乐起，我的身体开始晃动，就会觉得开心。其实我并不擅长跳舞，在自身条件上不太有优势。很多老师说，你这大长腿是挺好看的，但是你做动作的时候半径比别人大，需要的腰腹核心力量就更大，否则你永远比别人慢半拍。而且由于腿太长，我上肢的很多动作做起来也不漂亮，可是我就是喜欢跳。我一开始不愿意把精力花在这件事情上，因为我已经习惯了把精力的最高优先级都放在我的工作 KPI 和个人成长上。但是当我去了澳大利亚，看到当地人在海边一躺就是一天，给了我极大的触动。在澳大利亚，我认识了很多人，他们跟我以前见过的人很不一样，比如有一个朋友，每年定期去不同的海岛潜水，其余的时间就努力工作。他工作的努力程度不亚于任何人，我一开始会觉得，为什么要花这么多时间潜水，这不是浪费时间吗？当我也有了一些海岛旅行的经历之后，我发现，当你去做一些你热爱的事情的时候，它是会滋养你的生命的。而且我找到了那种"悠游"的感觉。什么是"悠游"的感觉呢？就是即便我要做的事情非常多，但是我的内心不再慌乱，可以淡定地、有条不紊地去做事，这是我的女神劳拉·范德康说的时间管理的最高阶的状态。我以前只是在头脑中向往，而我现在能真正体会到了。时间不再是我的稀缺资源，这一点的意义非常重大。因为当我们的大脑进入了稀缺模式的时候，我们在决策时会本能地保护自己的稀有资源，本能地想节省时间，而不是做最有利的决定。

后来，我开始试着寻找自己喜欢的事情，比如去跳舞。虽然跟不上大家的节奏，也没有别的同伴那么柔软，但是依然内心很欢喜。后来我发现，跳舞还给我带来了额外的惊喜。本来在我的自然作息下，我的精力在晚上9点和10点是下降的状态，大脑进入半睡眠模式，不会有太高的产出和创意。但是有一次我的舞蹈课被调到了晚上，当我10点跳完回家，我依然可以保持兴奋的状态，并且这种兴奋程度是平时在健身房花同样的时间达不到的效果。这就意味着我晚上又为自己赢得了1~2小时的高精力时间段。跳完舞以后我的大脑非常有创造力，写书的效率也极高。我逐渐意识到，有些事情虽然看似不直接产生结果，但是却会滋养你的生命，让你的精力更加充沛和旺盛。

做你热爱的事情，它会自带动能；做你热爱的事情，它会为你的精力赋能。你找到自己的热爱没有？如果没有也没关系，带着好奇心去探索生活、探索自己。找到自己的热爱，并且珍惜这种热爱，你会发现，生命开始变得不一样。

5.3　让价值观为你赋能

这几年很多人都去做热爱测试（或者说梦想清单、能量清单），听说这些测试和清单能激发一个人的巨大能量，我找到了比较好的老师也去做了一下。测试结果并没有特别让我吃惊的地方，因为它跟我现在整个的工作状态都是一致的。我做的事情就是我热爱的事儿，我觉得这个测试挺好，就让我的小助理也去测一测。然而，测试里问题的答案，她做了几个月都没办法完成。我觉得很奇怪，怎么会发生这种事呢？我看她在我这里工作的时候，也是很积极主动的，做事也很起劲，但是为什么她做不了这套测试？后来我猜测，我的小助理是极致理性的人，或许这些所谓的热爱，没有办法给她带来额外的精力动能。

价值观带来动能

为什么热爱没给她带来动能，她还工作起来这么有内驱力呢？我后来意识到，原来她的自驱力来自于她的价值观。她认为时间很重要，精力很重要，效率很重要，她的本职工作是生产线上的精益工程师，跟时间和效率都相关，我的工作也是跟时间和精力相关的，所以对两件事她都很有动力。

我开始意识到，人从性格里获得的能量，包括两个方面。对于感性的人来说，"热爱"会给他们带来更多额外的能量，他投入这件热爱事情上的精力会更多。而对于理性的人就不好说了，对他们而言，完成这个热爱测试都非常困难。如果做的事情符合他的核心价值观，那么他从这件事上能调动的精力能量就越多。

对于我而言，我是一个偏中性的人，也就是我的感性和理性比较平衡，我做的这件事就很巧，既在我的热爱里面，又符合我的价值观。所以我现在从事的工作，幸福满意度指数就很高，我不需要外界催促，就能保持持续的内驱力。

找到你的价值观

如何找到你的价值观呢？

第一种方式，观察自己的口头禅。你的口头禅就是你的价值观的一个出口，你常说的话，你取舍选择的依据，可能都隐藏着你的价值观。比如说，有个学员在课堂上说，自己和妈妈打电话，挂完电话后，她老公告诉她：让咱妈乐观一点，全程听你俩对话，我就只听见咱妈说"咬咬牙坚持"这几个字了。然后这个学员很惊讶，为什么自己就没注意到这几个字呢？后来才意识到，她和妈妈一样，都已经习惯了人生要"咬咬牙坚持"，她觉得人生就是要吃苦，不吃苦就要落后，所以她的生活总是过得很紧张，不敢停下来放松。现在，察觉你自己的口头禅，里面藏着什么价值观呢？

第二种方式，观察你的情绪。有很多时候，你可能会因为一件事违背了自己的价值观而产生极大的情绪。比如我特别容易被我的印度同事们气炸，跟他们约定了 7:00 见面，都等到 7:30 了，他还在说着"马上到，马上到"，然后我又等了半个小时，他们还没到。每次遇到这种情况我都恨不得原地爆炸。这是因为在我的价值观里，时间是非常重要的，他们没有尊重我的时间。又如，我以前特别讨厌一些人说话不算话，只要被我发现，我的情绪马上就藏不住了。现在的我已经可以体谅别人可能是有不得已的原因，但是在更年轻一点的时候，我基本上都会马上爆发。从这个情绪里可以看出，守信是我的重要价值观。

让价值观为工作赋能

现在很多人都说对自己的工作提不起兴趣，每天得过且过毫无动力。其实可能是因为你工作里的价值观跟你的价值观不符合。

在工作中的价值观，可以分为三层，第一层看工作内容本身，第二层看你的老板，第三层看整个公司的企业文化。当这三层的价值观都与你的价值观相符的时候，这会给你带来极大的动能，至少不会给你带来精力内耗。

有什么方式去看你工作中的价值观呢？你可以去问自己这两个问题：当初为什么选择这份工作？最后为什么选择离开？你可以考虑工作内容、薪水、成长性、团队氛围、工作强度等因素。通过这种方式，把过往的经历罗列出来，用这种方式去梳理你在工作中的价值观，你就拿到了一个大致的价值观地图。然后日后在工作中不断去观察、调整，慢慢就能知道自己在工作中的价值观是怎样的。

当我们开始有职场选择权的时候，就可以去选择跟自己价值观最贴近的工作，为自己构建一个相对舒适的环境，有机会把潜能发挥到最大，把没必要的内耗降到最低。当你做的事情越符合你的核心价值观，你得到的动能就越大，在这件事上投入的精力就越多。

去梳理你的价值观吧！尤其对于理性的朋友，价值观更是你的重要精力来源，当你去做符合自己价值观的事情时，就相当于你在利用性格里自带的精力，它的潜力是无限的。

附：跟随你天然的渴望　陈豫盈（Q酱）

天然渴望是什么？

它不等同于一般的愿望，那些大多是被社会或者父母强加的渴望。

父母或社会强加的渴望，只能叫做执念：别人有了我也要有，有了这个大家会比较喜欢我，有了这个证明我比较成功，有了这个会安全，父母会比较放心……但其实这都是大脑编撰出来的。

天然渴望不是这个东西，它是一件你想到就会兴奋、发热，想到它就觉得非常爽的事。

其实很多人都曾经说过这个方面。

乔布斯说：找到你的热爱，跟随你的心。

美国热情测试的理念是：跟随你的热情。

我国台湾有名的JT叔叔讲庄子：跟着冲动去做事。

奥运冠军谷爱凌说："那种腾空的、自由的感觉，太棒了。像一只鸟，飞起来、落地，是非常厉害的。这不是每天能感觉到的。滑雪飞起来的感觉和那种高兴的感觉，让我最上瘾。"

以上这一切，都算是天然渴望。做了之后你会感到兴奋和爽的事情，就是你的天然渴望。

然而，最高兴奋点是会变化的。那么，如何判读自己当下的最高兴奋点呢？

如果对自己有觉知的人，以及有条件的幸运儿，比如谷爱凌、蔡志忠等很年轻就成功的人，会在年轻的时候，去尽可能地体验并且坚持自己判断和选择。

我在近两年创造了一套自己的方法去寻找自己内心的最高兴奋点。判断标准如下：

1. 面对这个渴望，你的身体是否能够感觉到轻盈？

2. 面对这个渴望，你的心情是否感觉到正向愉悦？

3. 临终前如果你没有做，你是否会感到遗憾？

对，只有这三个标准。

目前社会上有不少人都已经把自己的愿望等同于社会成功标准——有钱，找个好对象，事业做得好。但其实天然渴望是一个个人化、阶段性的事情。比如每个人都告诉你，你这个年纪应该结婚，单身是非常不好的。但这个阶段，你的灵魂渴望全球旅行。你是否能跟随自己的灵魂渴望来行动，而屏蔽外界的声音？大多数人没有这个勇气。

但很遗憾的是，如果跟随外界的声音，你将会体验无穷无尽的挫败。一切不跟随自己天然渴望的行为，都要用到意志力。大量动用意志力是非常消耗能量的行为。如果你在一件事之中感受到自己的内在渴望得到满足，那么这件事就能滋养你，让你得到额外的能量。当然有的时候我们跟随自己的天然渴望

（热爱），你的内在也有很多的限制。比如我的灵魂渴望全球旅行。那么你的大脑会出现一万个理由说服你：你负担不起/没有收入，怎么办？这就是思维的设限，即原生家庭、社会给你的限制性信念。跟随真实的渴望，就要不断地找到新的方法，你会发现，其实限制只是来自自己。我就曾经在身上仅剩下3000元的时候，找了一份环游世界的工作，3年带薪去了20多个国家，从而实现了我的渴望。

跟随天然渴望有三个关键：

第一，明晰你的天然渴望——它需要通过一个精准步骤，帮助你达到身心灵和谐统一的三个标准：①面对这个渴望，你的身体是否能够感觉到轻盈？②面对这个渴望，你的心情是否感觉到正向愉悦？③此生不达成这个渴望，你是否会感到遗憾？你可以寻找咨询师，也可以通过自我调整，来找到自己的方法，尽量明晰和聚焦自己的内在天然渴望。

第一步，找一个安静的环境，写下你所有渴望的。在你人生最理想的状态下，你是谁？你正在做什么？你感觉如何？

需要以"我正在"开头来连接当下感。每一条要写的必要元素有：当我人生最圆满的时候，我正在干嘛，我感觉如何？请注意：这个"我感觉如何"的重要性远远大于你在做什么。比如，我正在我的大房子里喝刚泡好的花果茶，我感觉特别富足。所有能给你这种感觉的事情，都会通过各种渠道来找你。写下5~25条为佳，越多越好，无所限制。

第二步，用你的身体连接本条愿望。感受身体是否沉重。

请你注意区分大脑的兴奋和身体的感受是完全不同的。有的时候面对这条愿望，你的大脑很兴奋，但身体和内心都很沉重、很郁闷。比如说很多来访者的愿望是想要帮助几万个人获得某种成功。这个愿望往往是社会道德给予的，并非发于自性。身体会感觉到极其沉重。还有就是财富目标设定过于庞大，纯属大脑妄想，这种情况也会导致身体沉重。所有让你感到沉重的愿望，都是你的父母或者社会标准设置的枷锁，强加给你的，并不是你自己的天然渴望。如果感觉沉重，这条就淘汰。

还需要注意的是：安全感。如果你在用愿望满足你的安全感，那并不是天然渴望。那只是"我不想恐惧"。比如，"我正在和我的爱人在一起，我感觉到很安全""我正在拿着有1000万元的存折，我感觉到很安全"这些都不是天然渴望，只是恐惧驱动。天然渴望是出于爱，安全感则是出于恐惧。天然渴望是喜悦、兴奋，甚至有心流存在的。安全感则是出于生存本能，是一成不变的需求。比如，有些人赚钱只是为了用钱消除恐惧，获得安全感。那么你会发现，越来越消耗能量，因为你没有本能的天然渴望支撑。而用天然渴望来赚钱是非常快乐的。因此，你的清单里也不能有"逃避痛苦"的负面表达，比如："我和我的老公不吵架"，因为不吵架就是在逃避恐惧。只能用正向表达：我正在和我老公一起看电影。

第二，不能为他人许愿。你为他人许愿：我儿子正在名牌大学读书。那不是你的天然渴望，而是出于你对儿子的担心。当你为别人的事情许愿，属于边界不清晰，很容易背负别人的生命，导致自己人生路径的偏差。

第三，不要执着于某个特定的人或事物。重点是感觉。真正的许愿一定要许感觉：我正在享受美妙的亲密关系。而其出现的形式则不限于某个人。

这样过滤出来的你真实的愿望（天然渴望）只有 7 ~ 10 条，接下来为了更加明晰，你需要进一步筛选出核心三条。

核心三条是能量清单之中比较重要的一个部分，它会大幅度地精确化你的渴望。这里并不是说其他事情就无法兼顾，而是你必须永远专注最重要的事情。乔布斯和比尔·盖茨曾参加一个专访，其间主持人让两个人一起写下成功秘诀，两个人不约而同写的词：focus（专注）。因此，你的热爱也需要聚焦，一定要筛选出最核心的三条。

以上就是当时我做的能量清单（稍作修改），感谢陈豫盈（Q酱）的授权。

本章小结

一个设定合理的、符合你的热爱与价值观的目标，会给你带来潜力无限的精力来源。尊重你的价值观，找到你的热爱，它们是你性格里自带的精力能源。

1. 学会聚焦，是让精力发挥高效能的关键。

2. 通过生命轮设定长期目标和短期目标，合理分配精力，让你的目标一步步落地。

3．从设定一个足够小的目标开始，用正反馈为你赋能，一步一步走向更大的目标。

4．通过记录时间花销，发现自己做什么事情可以进入心流，帮你找到自己的热爱。

5．有些你热爱的事情虽然看起来不直接产生结果，但是却能滋养你的生命，让你的精力更加充沛和旺盛。

6．人从性格里面获得能量的方式是不同的。感性的人容易从热爱的事情里得到动能，而理性的人的驱动力则更多源于核心价值观。

7．你的口头禅和情绪里藏着你的价值观。

8．当你做一份符合你的价值观的工作时，有机会把潜能发挥到最大，把没必要的内耗降到最低。

Great
Energy
Management

第6章

精力管理之布局篇

6.1 你的精力是如何布局的

精力是我们人生中非常重要的资产，我们的很多人生结果都是精力投入之后的产出。精力的投资需要精心地布局，然而太多人没有认识到精力的重要性，随便投资精力，挥霍了自己的宝贵资产。

你对自己的精力有觉知吗

没有精力投资和布局概念的人，是如何使用精力的呢？

（1）无规划地被动使用精力。我看到生活中的很多人，包括我的学员，他们的精力是随机分配的，完全没有提前规划的意识。比如，每天早上一到办公室接到电话就开始做被临时安排的工作；计划好的涉及升职加薪的 PPT 还没来得及做，就被叫去开会了；开完会做完会议记录，在茶水间碰上同事，聊聊孩子的课外班，一上午就过去了。中午吃完饭又开始犯困，瞌睡了半天，看看邮件和通知，这一天就过去了，PPT 只建了个空文档。回到家，被孩子、家务琐事环绕，疲惫不堪，在做 PPT 与刷手机之间选择了后者，然后一刷就停不下来，直到后半夜。第二天早上苦不堪言，拖着疲惫的身躯去上班……很多人就是这样，一天又一天随意使用自己的精力。

（2）对自己的精力状态无知无觉。有些人对主动规划时间有了一点认知，可能是因为这些年市面上时间管理的书比较盛行。但是，他们还无法做到对精力的知己知彼。什么意思呢？首先，他对自己每天各个阶段的精力状态是不了解的。比如，你是早上醒来精力状态好呢，还是早饭后精力状态好？是下午精力好呢，还是晚上精力好？有些人听别人说早上精力好，也早上起来工作，可是自己起床后昏昏沉沉，面对原定的任务充满畏难情绪，跟自己耗了大半天，也没产出什么结果。等他精力好点的时候，却要马上赶班车上班了，好精力又全都耗在了路上。这类人对精力规划有了一些粗浅的概念，知道自己哪些任务重要，但是往往不了解自己的精力状况，而导致实际情况与计划千差万别。

上述这类人是不能"知己"，还有些人是不能"知彼"，这又是什么意思呢？意思是说，不同的任务对我们的精力值要求是不一样的。比如说，我给大家讲课或者写书，必须找精力值最好的时段。而生活中的一些杂事，比如回复微信、整理资料、财务对账、给大家邮寄礼物、测试新平台，精力值稍低时是可以处理的。如果把这些事情放在精力值高的时间做会有点浪费。也就是说，我会把最重要的精力放在价值高的、对精力需求高的事情上。我不会在早上醒来精力最好的时候去花半小时以上打扫房间。当然了，每个人每天的精力阶段是不同的，每天的工作任务对精力的需求也不同，所以别人的答案不一定合适你，你只能自己去探索适合自己的模式。

以上都属于不会布局自己的精力的表现。针对以上情况，其实我们也可以总结出精力布局遵循的两条原则：

(1) 主动规划；

(2) 知己知彼。

所谓主动规划，就是要把重要的事情安排在精力好且不被打扰的时间，比如早上，并且主动创造专注的环境，把手机等各种聊天工具、邮箱都关掉。我自己的习惯是，每天早饭之前是不动手机的，这段时间没人打扰，且精力值最高，我只完成我提前安排好的重要任务。以前我都是用来读书，这两年用来写书。有主动规划的意识，在精力投资上已经赢了一大步。

所谓知己知彼，是指知道自己在什么时间精力值最好，也知道自己每天的任务各自需要的精力值，比如我知道自己早上精力值是最高的，也知道写作、个案咨询需要的精力值高，两者就可以匹配。而普通的沟通工作、整理文件等，都只需要低精力值和碎片时间即可。那如何做到知己知彼呢？答案是长期记录自己的时间和精力使用情况。世界上有很多成就卓越的大师，比如柳比歇夫、富兰克林，都是时间记录的拥护者和践行者。我通过长期的记录，对自己的精力情况了如指掌，对自己日常生活中的常见事情所需要的时间和精力也很清楚，这样我能做到精力与事件的高度匹配，不浪费自己的精力，也不耽误重要的事情。

如何布局一天的精力

下面我将以自己为例，来说明如何布局自己一天的精力。

我会按照当前（今年）的重点生命轮和重要他人来安排我的精力，确定最高优先级，保证它们尽可能得到最好的精力时段分配。

我今年的生命轮排序的第一优先级是工作和家人。对于工作，主要有 3 项，写书、上课、与同读书院的合作，我会把最好的精力值都分配在这 3 件事情上。对于家人，确保不在特别疲惫的时候跟妈妈通话，以保证我每次能更好地给她情绪价值。

第二优先级是健康。健康很重要，健康决定了人的生命质量。前些年我在健康方面已经做了大量功课，打下了比较坚实的基础，今年不算我的重点生命轮，我只要做到维系就可以。以前健康是重点生命轮的时候，我会尽最大可能保证我的睡眠在固定的时间段，以及平均一天 1.5 小时的运动，周末还有一次突破舒适区的运动。今年工作量比较大，睡眠和运动也是要重点关注的，因为这两项都需要堆量，也就是时间积累要足够多。但现在做不到以前那种严格程度，只保证睡眠中有 80% 能睡到自然醒，运动保证一周 3 小时。

以上就是我今年精力分配的优先级原则。有了这个大原则，那么接下来，就可以据此来布局每天的精力安排。

如何做到对自己每天的精力精准布局呢？第一步要让精力可视化，让精力变得可度量。

时间就是生命和精力的刻度尺。我们通过整理时间来看见精力。往往精力的被动消耗，就是因为它的不可视以及不可度量。不可度量的东西最容易被忽视，也很难优化，所以我们要进行时间和精力"花销"的记录。通过记录，我们可以看到自己的精力投资情况和匹配情况。我主要观察两点：第一，我所有的时间投资是不是在为我的生命轮目标服务？第二，在时间投资中，我的精力的优先级匹配是不是最优解？然后在记录整理的过程中，放下不那么有价值的事情，不断优化我的布局安排，以及我的排序原则。

表 6-1 是我对自己一天的时间和精力的记录。

表 6-1　一日时间和精力记录

计划时间	实际精力值	事件 & 所需精力	实际时长	备注
7:30 - 9:00	7	起床、洗漱、运动、早饭 & 无需求	2 小时	健康
9:30 - 11:30	8.5	写书 3000 字 &8	2 小时	重要生命轮 & 重要工作
11:30 - 12:00	7.5	微信沟通 &8	45 分钟	
12:15 - 14:00	7	午饭睡觉 & 无需求		
14:00 - 15:00	8	写书 1500 字 &8	1 小时	重要生命轮 & 重要工作
15:00 - 15:30	8	复盘同读书院活动 &8	30 分钟	重要生命轮 & 重要工作
15:30 - 16:00	7	休息以及个案准备 & 无需求	30 分钟	
16:00 - 18:00	8.5	个案咨询 &8	2 小时 17 分钟	重要生命轮 & 重要工作

（续）

计划时间	实际 精力值	事件 & 所需精力	实际时长	备注
18:20 – 18:50	7.5	晚饭 & 休息 & 无需求	30 分钟	
19:00 – 20:30	8.5	讲课 &8	1 小时 30 分钟	重要生命轮 & 重要工作
20:30 – 20:50	7	视频电话 & 无需求	20 分钟	朋友
21:10 – 22:10	7.5	听课 &8	1 小时	学习成长/ 接纳
22:30 – 23:00	6	洗漱睡觉	30 分钟	23:00 上床， 不用手机

通过一步一步地记录，对于生活中有规律的部分，你会逐步知道它们所需要的时间和精力水平。从我的表格看，今天这一天安排得比较满，平时的话我会留白 20% 的时间。

通过记录，你会得出一条比较真实的精力曲线，这是一个了解自己精力状态的过程，之后可以在此基础上对自己的精力状态进行排兵布阵。

比如，图 6 - 1 是我这一天的精力波动曲线图。

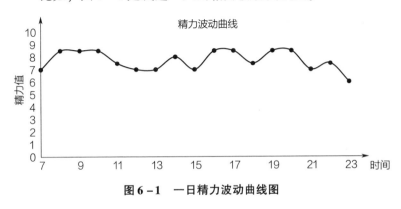

图 6 - 1　一日精力波动曲线图

如何给自己的精力值评分呢？可以根据表6-2来判断。

表6-2 精力值评分参考

精力值	状态
10 分	精力充沛且状态稳定，应对工作和生活游刃有余，心情愉悦、内心笃定
9 分	工作学习高效，灵感如潮水般涌来，对自己很满意，对外界也比较包容
8 分	全力以赴，可以随时进入工作学习的心流状态，情绪平和愉悦、积极正面
7 分	高效工作学习，不借助外力可以较长时间专注，心情比较平和，偶尔有情绪但能克制
6 分	阶段性疲劳，但借助番茄钟可提高效率，情绪大部分正常，时有不耐烦
5 分	勉强应对工作生活，身体易疲劳，容易烦躁
4 分	哈欠连天、疲劳、情绪易波动，能专注的时间较短
3 分	关键时候扛不住压力，容易生病
2 分	身心疲惫、经常失眠、心情低落、易怒
1 分	体弱多病、注意力很难集中、精神游离

　　了解不同的事件所需要适配的精力也需要一个过程。我刚开始把重要的事情，比如工作中的重点——讲课、写 PPT、个案咨询和写书都放在精力比较好的时候。后来因为一些计划外的事件，计划发生了一些变动和滞后。我发现自己在精力值 7 的时候根本没法写书，基本都是被卡住、无法产出的状态，完全无法按时按量地完成计划。但是在精力值 7 的时候，我是可以讲课的，而且不影响讲课质量，因为我非常热爱讲课这件事，

我可以在讲课的过程中迅速把精力值提升到 8，但下课后，基本又迅速回落到 6 甚至 5.5。个案也需要精力值为 8 或者 8 以上，如果低于 8，虽然可以做，但是用时会比原来长 50% 左右。做 PPT 精力值在 8 以下也可以，但是时间线也会拉长30% ~ 50% 不等。听课这件事就比较有意思了：有些知识密度没有那么大的课程，7 以上的精力值就够了。有的课程知识密度大，而且我本身的认知储备也不足，那么就需要 8 甚至 8.5的精力值。此外还跟老师的风格有关，如果一个老师全程讲干货，故事性也不足，精力值 7 就不能很好地消化吸收，课下还需要反复听和练习。有了这些数据基础，我就可以逐步调整自己的时间分配，按照事情的重要性和对精力的需求来排兵布阵，让自己的时间精力匹配有一个最优解。

作息饮食与精力的匹配

除了精力与任务的匹配之外，我的饮食、休息也是与精力相匹配的。比如说，如果上午 8 点开始做个案咨询，为了保证过程中的高精力需求，8 点前我会先吃一杯黑芝麻糊和一个鸡蛋，然后 11 点多个案结束后，再吃一点蔬菜和蛋白，这次加餐的食物都是低升糖指数的，并且保证 7 分饱，肠胃不会占用我太多的能量，确保大脑能量供给充足。然后忙完一些杂事，再安排午休，保证 14:00 – 16:00 的高精力值用来写书。为了保证晚上 8 点上课有高水平的精力，我需要提前 3 个小时吃饭，即 5点吃完，等我讲课的时候，基本就已经消化完了，不会太影响精力。有时候太过疲倦，为了保证晚上的上课质量，我还会提前小睡一会儿。

想做到对精力的精准分配，除了长期观察和记录，知己知彼，还有很重要的一点，是规律化。也就是你的作息、饮食要尽可能规律化，让你的身体肌肉形成记忆。

比如说饮食，我知道自己吃完饭几个小时后能保持清醒，知道几个小时不会饿。我的饮食是相对固定的，比如我一般早上先工作，工作到9点多，吃一顿富含蛋白质、维生素的早餐，下午四五点钟再吃一顿，常见的组合是煎或者煮几块鸡胸肉，再加点蔬菜，拌一点沙拉汁，蒸一点南瓜或者做个三明治。我的这个套餐并非固定不变，会根据情况及时调整。比如说晚上为了上精力管理课，我一般都提前3个小时吃饭，但是如果我由于某些原因只能提前2小时吃饭，那么我会少吃一点，确保上课前能基本消化完。

我的小助理之前跟我说，不知道为什么，吃完早饭就头昏脑胀，写作进行不下去，天天跟自己做思想斗争，就是没结果。我告诉她，早上起来先把写作任务完成再吃早饭。就这么一个小的转变，她告诉我，写作流畅多了，并且早早完成任务，感觉一大早就被赋能，神清气爽的。吃完早饭后精力水平下降，那就做点没那么高精力需求的工作，这样一天下来工作量往往能超出预期。

除了饮食的规律化，还有作息的规律化。你只有在一个固定的作息时间段，才能得到一个相对稳定的精力水平。每个人体内都有一套生理时钟。《生理时钟决定一切》的作者麦克·布劳斯说，生理时钟影响着你的生理活动，掌控身体的一切，包括新陈代谢、情绪、专注力、体重管理、创意发挥等。你的作息和生理时钟越稳定，你的潜能越能被开发。有研究也表明，规律的作息可以提高身体免疫力，促进机体排毒，提高工作效率，提高健康水平。

我发现很多人有两套作息模式，工作日一套，周末休息日一套，他们往往周一会特别沮丧、疲惫，难以进入工作状态。为什么会这样呢？因为他们的工作日与休息日的作息差别太大，相当于你的身体在不停地倒时差，这是非常消耗能量的。你可能要问，周末难道不能补觉吗？不是不能，你可以多睡一个小时，但不要太久。如果你觉得睡不够，可以下午再补一觉，但不建议日夜颠倒，一上午躺着不起床，到了晚上又不睡。

想拿到精力投资的高回报率，就要对精力有精准布局。这需要我们长期记录时间和精力花销，对自己的精力以及事情对精力的需求了如指掌，同时尽量保证饮食作息规律化来配合自己的精力布局。只有如此，你才能拿到最优配置的方案。

6.2　精力的投放误区

我从小就读《曾国藩传》，到现在已经读了 20 多年了。我总结出重要的一点是，取胜的第一步是不要犯错。所以在精力的投资上，我们也要关注自己是否把精力投放在了错误的地方。

本节列举几种具有迷惑性的投放误区，分别是：低价值的事情、不值得的人、改变不了的事实、自己无法控制的事情，以及被困在情绪里。

误区1： 把精力投资在低价值的事情上

记得刚工作的时候，我对精力还没什么概念，在精力的投资上是非常被动的。早上一到办公室，赶紧打开电脑看邮件，因为在外企工作，每天早上都会收到七八封新邮件，有来自各个部门的，有来自美国总部的。事实上，这些邮件也没那么紧急，但我总忍不住赶紧点开处理，等我处理完，基本上一个多小时就过去了。其实这段时间是非常宝贵的，因为这个时候我的精力值高，也没人打扰。当早上这一个小时过去后，各种电话、会议都来了，我的时间就不可控了。那段时间我觉得自己每天从早到晚很努力，也很疲倦，总有种应接不暇的慌乱和无力感。后来我反思才发现，我把最宝贵的精力都用在了低价值的事情上。

后来我去了澳大利亚，我发现我在休假的时候特别喜欢早上起来收拾房间，因为在澳大利亚的房子比较大，收拾完几个小时就过去了。后来我意识到，这个习惯是我无意识模仿了我妈妈的行为。我妈妈对卫生的要求非常高，她有每天早上起来就收拾房间、洗衣服的习惯。但是对我而言，这些事情的价值相对于我的工作和学习是偏低的，不值得我花费最好的精力。后来我就开始改变这种行为习惯，不把早上最好的精力用在打扫房间上。在我比较忙的时候，我会把收拾房间这些事情外包给阿姨，甚至偶尔我会直接把这部分忽略掉，偶尔的不整洁也是可以接受的。

一些低价值的事情，可以不做，可以给别人做，可以换个时间做。但是往往由于我们的行为惯性而忽视对它们的安排。永远记得，把最好的精力投资在你认为有价值的地方。

误区 2：　把精力投资在不值得的人身上

我在做个人品牌的初期非常热心，特别想去帮助别人。有些人经常来问我问题，其实并非我的付费用户，但我都是好心地一遍遍地解答，但时间久了，我发现他并没有任何改变。因为你告诉的东西，他不去践行，他只是想把自己的情绪垃圾倒在我身上。后来我意识到，这些精力花费得并不值得，因为他没有做好改变的准备，他还没有准备好为自己的人生负责，而是把改变自己的责任甩在别人身上。只有等他想为自己负责的时候，我给到他工具和方法，我付出的精力才是有结果的。从那时起，我就知道了，自己精力有限，不要浪费在不值得的人身上。

误区 3：　把精力投资在改变不了的事实上

很多人都把精力消耗在了改变不了的事情上，比如说女人对外貌的焦虑。皮肤、面部肌肉，这些是可以改变的，你可以花费精力，但是骨相、身高这些是难以改变的，如果你一直纠结和苛责自己，其实就是一种对精力的浪费。不仅外貌，其他事情亦是如此。记得我在澳大利亚读第二个硕士学位的时候，选了一门特别难的课程，通过率低于50%。其实当时读第二个学位的时候，我并不想当学霸，但是我想通过这个老师的课程，就要付出当学霸的努力。我当时有非常大的情绪阻力，又没办法退学，怎么办呢？我就想办法努力去为这件事找到乐趣。后来我发现学校门口有个特别受欢迎的饭馆，所以每次上完这门课，我都奖励自己去这个饭馆吃一顿饭，上课这件事就变得没那么困难了。我们对一件事接纳和适应的速度越快，从精力投资的角度来讲越节省。对于那些你不喜欢的事，你可以找到喜欢的部分，也可以提取到积极的意义和价值来帮助自己成长。有学员会跟我说，我不喜欢某个同事，然后抱怨同事如何令人讨厌。我问她，你想换工作吗？她说不想。我说，那就去找他学习。学员很惊讶："他这么令人讨厌，我有什么可学习的？"我告诉她，去找他身上你不喜欢的方面，你不要去做就好了，这算是一种反向学习。

误区4：把精力投资在自己无法控制的事情上

前两年一直计划着从澳大利亚回国，但是因为新冠疫情耽搁了很久，直到2021年4月份，我买好了机票，退了房子，卖了车子，跟老友一一告别，早早来到机场，高高兴兴地准备回到祖国母亲的怀抱。然而就在悉尼转机的时候，我被告知回国申请书有点问题，需要重新申请。那一刻我是有点懵的，房子都退了，我住到哪里去呢，我连衣服都提前打包好寄回国了，剩下的这几件衣服只能勉强够穿两天。最关键的是，我不知道新的申请书什么时候能下来，这代表着我后续的衣食住行都有极大的不确定性。但是我马上转了想法，既然申请书什么时候出是我无法控制的，那不如把注意力放在可控的事情上。接下来我在悉尼先玩儿两天，然后重新找地方住下来。其实我们经常会为了自己控制不了的事情担忧、焦虑，但从更理性的角度来看，这些都是无用功，你的担忧和焦虑无法改变一丁点事实，不如把有限的精力放在那些可控的地方，减少精力浪费。

误区5：　被困在情绪里

每个人都会产生情绪，往往快乐的情绪总是稍纵即逝，但是负面的情绪却常常拖着不走。我记得看过一个明星的采访视频，她说自己有让情绪翻篇儿的能力。当情绪来了，接纳它、感受它，但绝对不会超过 2 天的时间。2 天后，该做事做事，不会再去反复咀嚼这些让自己不开心的事。我认为在这一点上，杨幂非常有智慧，"让情绪翻篇儿"的能力是现代人必备的能力之一。如果情绪来了，你深陷其中无法自拔，这就相当于别人一句话伤害了你一次，你却抱着这些东西伤害自己无数次，白白浪费了时间和精力。

以上几个都是精力投资中常见的大坑，其实这些理解起来不难，可是因为思维和行为的惯性力量太过强大，我们依然在不经意间频繁掉坑。我们可以做点什么来避免呢？有段时间每天晚上复盘时，我会问自己这几个问题：我今天精力都投资在了哪里？有投在低价值的事情上吗？有投资在不值得的人身上吗？有把精力花在改变不了的事实上吗？有为无法控制的事情浪费精力吗？今天我被情绪困住了吗？当你日复一日保持觉察和反思，你掉坑的频率会越来越低。当你避免了这些错误，精力投资上就赢了一大步。

本章小结

精力是人生中重要的生命资产，如果想让精力资产的投资拿到高回报率，则需要一场精心的布局。

1. 精力的精准布局，离不开对个人精力供给以及任务精力需求的精准把握，只有知己知彼，才能高度匹配。

2. 我们通过记录时间和精力花销，让精力变得可度量。

3. 精力布局需要重点关注的两点：第一，我所有的时间投资是不是在为我的生命轮目标服务？第二，在时间投资中，我的精力的优先级匹配是不是最优解？

4. 我们可以通过精力波动曲线图来了解自己的精力状态，在此基础上对精力进行排兵布阵。

5. 想做到对精力的精准分配，需做到让作息、饮食尽可能有规律。

6. 精力投资的常见误区：低价值的事情、不值得的人、改变不了的事实、自己无法控制的事情，以及被困在情绪里。

Great
Energy
Management

第 7 章
精力管理之减法篇

7.1 为什么要做减法

随着我们日常生活节奏的加快，人们的生活日益繁重。我们要做很多工作，买很多东西，见很多人，满足很多欲望。因此我们的精力越来越捉襟见肘。然而，每天占满你精力的那些物品、社交、娱乐，真的是你喜欢或者想要的吗？

把精力花在你真正需要的地方

当我们冷静下来，不得不承认一个事实，我们花了大量精力在追逐自己并不需要的东西。每遇上购物节，我们花大量精力去挑选网站上琳琅满目的物品，但常常快乐仅维持到拆快递的那一刻，然后就消失殆尽了，家里角落的杂物却越积越多；我们跟风去打卡网红美食店，但品尝两口却发现还不如楼下王大妈的饭馆做得好吃；我们带着孩子奔波在各种补习班之间，但是孩子的愿望却是周末补个觉……

我们试图通过饮食、运动、作息等各种方式扩大自己的精力容量，但是如果不去管理自己精力出口，那么再多的精力也填不满我们的缺口。

我自己并不是一个严格的极简主义者，但是我却提倡人人都应该有极简思维。我们需要去做减法，把有限的精力用到那些我们真正需要的地方。

这个过程也是一个不断认识自己，将生活的重心转移到自己身上的过程。通过不断整理和做减法，我们会更加有条理，内心更有秩序感，你会发现压力少了，烦恼丢了，幸福感提升了。

用极简主义对抗熵增

其实内心的秩序感是非常重要的，现代人的焦虑大多来源于生活的混乱和无法掌控。我们用物理学概念"熵"来代表一个系统失序的现象，也就是系统的混乱程度。由于系统会自发地熵增，所以我们需要后天的极简思维来对抗不断混乱的生活，才不至于让混乱的事物占满了我们的精力。

熵并不神秘，就像尺子一样，是用来量东西的。它用来衡量"无序"，就是用来衡量东西有多乱。比如同样是细胞，健康与活力的结构是有序的，破败而衰老的结构是无序的。而且，科学家发现，一个东西放在那，甭管它自己怎么运动，只会变得越来越混乱、无序，也就是说，熵只会越来越大，这就叫熵增定律。

很多人觉得极简主义离自己非常远，其实不是的，我们只要从整理自己的衣食住行、信息、社交开始，去看见自己生活的精力出口，断掉不必要的人、事、物，慢慢地整理自己的生活，看见内心所需，回收被浪费掉的精力。你会发现，当把精力花在内心真正需要的地方，人生都会变得轻盈和欢喜起来。

7.2 整理你的居住环境

日常生活中，太多人由于忙乱而忽略了自己的居住环境，不知不觉地在这里浪费了大量的时间精力。我看学员的情绪记录，发现有些人每天都会花很多时间去找东西，因此产生极大的负面情绪。举个例子，你早上着急送孩子上学，但是孩子的红领巾找不到了，上学迟到了，孩子哭，大人心里也急。送完孩子自己上班也晚了十分钟。恰好早上有个会，整个部门的人都知道你迟到了，你匆匆忙忙跟老板做了个汇报，语无伦次得自己都很不好意思。一条红领巾，一个忙乱的早上，让你越想越不爽，精力状态直线下降。这样的场景熟悉吗？其实很多时候，看似一点不经意的小事儿，却能引发一系列的连锁反应。

精力与环境

人终究是环境的产物，人和环境是彼此影响的。我记得一个整理师曾说过，人是住不进和自己的能量状态不匹配的房子里的。那从精力角度看，一个什么样的环境更有助于提升精力呢？第一，房间要保持通风，有足够多的氧气以及充足的日照。第二，要足够干净整洁，并且让物品都有固定的存放位置，这样你才不至于去花更多的时间去找它们。

外界环境的秩序和我们的内心秩序是相辅相成的。当外在环境越来越整洁的时候，你的内心也会慢慢建立起秩序，因为外在是内心的投射，内心受外在的影响。不知道你有没有这样的经历，当你心情烦躁时看到家里混乱，就会更加暴躁，跟别人吵架的概率都会增加。但是如果你心情烦躁，去个陈设简洁漂亮的咖啡馆，或者去户外走走，就会感觉心情变得愉悦。其实这就是环境对我们内心的影响。

建立有序的环境

如何建立有序的环境呢？

第一步，东西要足够少。这需要你放下无限的物质欲望，减少物质的囤积和购买。在我的断舍离课上，我会要求学员每天断一件物品，一断就是一年，还有不少学员连续断了三年。学员们都反映，当物品减少、环境变好的时候，感觉披在自己身上乱如麻的东西被卸掉了，整个人变得轻松和爽快，大量的精力被释放了出来。

或许有人认为扔东西很简单，不就是把不需要的、不喜欢的东西扔掉就好了。然而问题也在这里，什么是"不需要的"、什么是"不喜欢的"？你可能在扔的过程中发现，"这个东西以后可能用得到""这个东西买的时候很贵，扔了好可惜"类似的想法频繁出现，于是断上几个月之后，就不愿意继续了。事实上，越是难以割舍，越是帮你放下执念和欲望、解放自我的时候。因为在抉择的过程中，你可以被迫思考，哪些是必需的，哪些是没有也可以的，在这样的取舍和思考中，你能慢慢看见自己的一些价值观和原则，越来越能抓住核心需求。比如以前决定一件事，你可能会在 A、B、C、D、E 5 个因素里犹豫不决。但是经过断物，你会越来越能放下 C、D、E 这些次要的需求，只关注重点 A 和 B。慢慢地，你的纠结会变少，焦虑会变少，精力内耗也随之减少。所以在断物品方面，不要因为感觉心疼就停止了，事实上，当你真正开始感觉到"不舒适""断起来很困难"的时候，效果才开始展现。越断到后面，你就越知道，什么是你真正需要的，什么是让自己心动的。

除了断物，重要的还要管理物品的买入。我们常常不知不觉中掉入商家的消费陷阱，因此在消费前有必要问自己几个问题：

（1）这个东西我真的需要吗？

（2）这个东西我真的喜欢吗？

（3）它的使用场景和频率如何？比如，你考虑买一台豆浆机，价格 600 元，使用 3 年，一周使用两次，那么 3 年可使用 312 次，不算豆子/人工/电费成本，使用一次的价格接近 2 元钱。其实两元钱足够买一杯豆浆。并且，你真的确定自己一周可以使用两次吗？有不少物品是新鲜一阵子就被搁置的，比如各种按摩仪器、款式奇特的衣服等。

（4）我现在有可替代的产品吗？比如你看到一口珐琅锅很喜欢，但是家里已经有煮锅、蒸锅、炒锅、砂锅，它的功能完全可以被代替，那么这口珐琅锅就没有购买的必要了。

当你开始问自己这几个问题，并且把物品静置在购物车 72 小时，可以减少大量的冲动消费。

建立有序环境的第二步是整理。在这一步，最重要的是为自己的物品找一个"家"，你可以根据使用频率、使用场景等不断去调整，为这件物品找到一个最合适的地方。关键的是，你要遵守自己的规则，既然为它找到了家，就要每次用完及时归位，而不是随手乱放。

给精力做减法的第一步，是从整理物品和环境开始，当你为自己创建了一个好的环境空间，也就为自己创造了更多的精力空间。

7.3　为你的信息做减法

现在人们面临焦虑、烦躁、注意力不集中等各种问题，我认为重要源头之一就是信息过多。现在，看一下自己手机上的屏幕使用时间，你可能发现自己的时间都被各种聊天工具、娱乐 App 偷走了，平台总能精准推送你感兴趣的内容，让你停不下来。还有一部分人被信息裹挟，对信息没有选择，觉得有用就赶紧收藏起来，手机收藏夹里、图片库里充满了各种自认为重要的信息，以为以后一定用得上。然而每次真的需要的时候，要么想不起来自己收藏过，要么就找不到在哪儿。因此，信息的选择和整理非常重要。

如何进行信息的整理呢？在我看来，信息整理的过程分三步，分别是：进，存，出。

管理信息的进口

我们大部分的信息来源于手机 App，比如微信公众号、视频号、朋友圈、短视频 App 等，并且大多是被动推送的。我们的本能是向外抓取信息，并把自认为有用的内容储存下来。为了避免抓取过多低价值信息，我会问几个问题：

第一，这条信息必要吗？重要吗？喜欢吗？

第二，我已有的资源有可替代或者类似的吗？

第三，它和整体是和谐统一的吗？

第四，它为当前的目标服务吗？

如果是物品，比如今天我想买一件卫衣。我会问买它真的有必要吗？我喜欢吗？我发现我真的喜欢。我已有的衣服可以代替吗？如果自己满柜子全是这个风格的卫衣，那么我就要慎重地考虑一下了。再比如我看上了一套日式的餐具，也没有可替代它的，可是我发现家里全都是青花瓷，和这套日式餐具非常不和谐统一，那么我也会慎重考虑。同样，对于信息也可以用这几个问题来判断。比如有的时候我在一些社群学习，有学员会推荐质量特别好的育儿视频号，目前手里也没有可替代它的资源，但是，它现在跟我的生命轮和年目标不符合，还单身的我距离育儿有点遥远，那么就可以果断地删掉了。不要小看一点点的信息和碎片时间，你的精力就是这样被不知不觉切割和占用的。我们的时间精力终归是有限的，所以能进入我们的视野的信息，都是能为我们的目标服务的。还有一些 App 非常有诱惑力，它可以非常精准地推送你喜欢的内容。你觉得真的很喜欢，也没有可替代的。但是它最终没有帮你实现目标，反而经常阻碍你实现目标。如果你控制力还不错，休闲娱乐也不是不可以，但是如果你被它们控制，每晚拿起来就放不下，影响了你的睡眠、健康甚至第二天的工作，那么这种信息还是不要让它们进来。

信息整理的第一步，就是守好门。通过以上四个问题先帮我们筛选一遍信息，帮助我们减少了信息输入，同时也释放了大脑，让自己有更多精力聚焦在重要的事情上。

信息的存储

整理信息的第二步，是"存"。

1. 文件的存储

很多人都有过这种经历：看到某本书或者某个视频的观点特别好，赶紧记下来，可是当我需要的时候却找不到。或者是电脑里存了很多文件，每次找个文件都要翻半天。

存储信息的关键是有序。如何让信息有序呢？你在看书的时候，书的前面都有个目录对不对？同理，你在存储信息的时候，是否忘记了这个重要工具：存储信息的目录。

我们的大脑并非时时刻刻过目不忘，当我们能够做一个分类目录，然后按照这个目录去整理信息，查找就变得容易得多。长此以往你就可以做到让文件整洁有序，每次都可以迅速定位找到你需要的文件。

对于文件归类，我会有一个具体的分类目录，然后以图片的形式保存下来，等我去寻找旧文件或者存储新文件的时候，都可以参考图 7-1。在这里，可以联系我们学过的生命轮的概念，把文件按照事业、家庭、学习、健康、财务等分类，然后各自再设立自己的子目录。

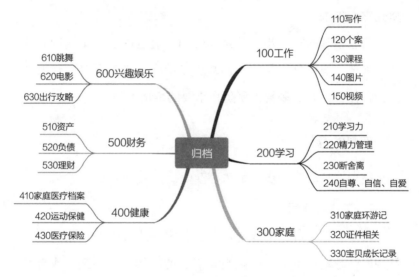

图 7-1　文件存储目录

当然，每个人的分类和规则都不同，重要的是，你要梳理出一套属于你的规则，而不是将所有的文件毫无章法地混在一起。

2. 邮件的存储

对于很多人来讲，邮箱是不可缺少的工具，对于邮件也可以做一个分类和整理，我的邮件主要分为 4 类，分别是：

Doing ——独立完成的正在进行的工作。

Pending ——合作完成的工作，需等待上下游信息。

Done ——已完成的备份信息。这里还可以进一步细分，比如可以按照项目或者工作内容分，也可以按照时间节点分。

Information ——重要的通知类信息。

通过这 4 种分类，我可以非常快速地处理邮件，避免了一些遗漏和耽搁。

3. 手机 App 的存储

随着智能化时代的来临和智能手机的普及，人们手机里面的 App 也越来越多，我们或多或少都有过找 App 的时候。同理我们也可以把 App 进行分类，然后把这个分类方式固定下来。下面是我自己的分类，供参考：

- 学习软件：千聊、鹅学习、网易公开课、得到、微信读书、有道词典、知识星球、喜马拉雅、百度网盘；
- 工作效率：剪影、美图秀秀、备忘录、邮箱、企业微信号；
- 出行与旅游：高德地图、北京公交、去哪儿、携程；
- 购物与生活：淘宝、京东、美团、大众点评、盒马、QQ、小红书；
- 金钱宝宝：中国银行、炒股软件、支付宝、理财软件等；
- 实用工具：天气、计算器、录音机等；
- 其他：北京联通、日历等。

常用的 App 放在桌面：比如电话、信息、浏览器、微信、有道云笔记。这样可以让我的手机桌面干净整洁，一目了然，找东西的时候方便快捷。

对于手机 App，非常重要的一点是要做到信息屏蔽，比如朋友圈、视频号、微博、抖音、京东、咸鱼、淘宝等，所有的推送信息都关掉，我甚至有时候会关闭朋友圈，想看谁的朋友圈自己点进去特意去看，而不是无目的地随意刷。记得有很长一段时间，我把常用的手机 App 全部卸载了，那段时间也是我工作和学习产出和收获最大的时候。

管理信息的出口

信息整理的最后一步，是"出"。对于手机 App，我一般会根据使用频率来判断是否断掉。有些 App 3 个月没有打开过，比如一些视频软件，就会被我卸载。有时候我会根据某种目的而阶段性地卸载一些 App。记得有段时间工作和学习压力很大，我会不自觉地去买东西，淘宝的消费额明显增长，并且大多是不理智消费，既浪费时间又浪费钱。我就阶段性地删掉了淘宝App，等过了这个阶段或者真正有需要的时候，再重新装上。

对于公众号的管理也比较简单，判断标准是我的打开频率。如果打开率低于 30%（10 篇推送文章里打开篇数少于 3 次），我会果断地取消关注。还有一些吃饭点餐时关注的公众号也会定期删除。有些公众号断更了，也会及时删除。

对于手机里的文件、收藏、照片，我会定期清理，不重要的删除，重要的信息整理到电脑里做个备份。我一般每个月的月底专门留一天时间去做这些整理。

为信息做减法，让我们从繁杂的信息缠绕中走出来，给自己的身心一些新的空间。每个人都有自己的信息整理原则，期待你根据我分享的底层逻辑梳理出属于你的原则。

7.4 为人际关系做减法

人人都需要社交。在工作团队和合作中，我们需要人脉获取信息和资源，在日常生活中需要人与人之间的情感交流。可是我发现有些人太注重社交了，花费了过多的精力去跟人吃饭、聊天、送礼物，并且大多停留在交换名片、各玩各的手机或浮夸吹牛的泛泛之交中。其实，社交也需要有层次、有目标地管理，如此才能精准社交，减少精力浪费。

社交的本质是价值交换，无论是情绪能量，还是资源（也包括信息）都是需要匹配的。只有能跟你产生价值交换的人才有可能是你的人脉。李嘉诚说过，在你还没有足够强大、足够优秀的时候，先别花太多宝贵的时间去社交，参加各种各样的聚会，应多花点时间读书，提高专业技能，多见见你的客户，放弃那些无用社交，提升自己，你的世界才能更大。

五类人际关系

如何管理你的人际关系呢？要给你的关系分类，我把人际关系分为五类，分别是：核心关系、朋友、想要结识的人、保持距离的人、不需要认识的人。这决定了我精力投资的优先级，越核心的关系，我会给到更多的高精力时间。

第一类，核心关系，包括伴侣、孩子、父母、商业伙伴（重要客户）、人生导师、密友。很明显，他们是我精力投资的第一优先级。

第二类，朋友。对于朋友，我会花比较多的精力，但会次于核心关系。比如，我跟朋友见面的时间大多是中午、下午和晚上，一般上午十一点以前是我最宝贵的精力时段，我会投资在我自己或者是核心关系上。

第三类，想要结识的人。每人想结识的人都会有所不同，在我这里主要包括三种：能力智慧补给站、超级链接者、莫名想要靠近的人。谁是能力智慧补给站呢？这种人一般都特别有智慧，你跟他在一起聊天就能获得很大的滋养，他们能看到一些你不曾看到的东西，帮你打开世界的一扇窗，帮你去增长见识。什么是超级链接者呢？他们像一座资源库，认识很多人，手里有很多资源，在产生供需关系的节点，他们可以帮你进行资源整合和对接。我的性格比较内向，所以我很喜欢超级链接者，因此他们在我这里的优先级是比较高的，我也会更积极主动一些。第三种是莫名想靠近的人，说不出什么理由，但就是喜欢。这些人往往能升级为我的核心关系。如果在偶然的机会中遇到了，我也会积极主动去连接。

第四类和第五类，很明显，是不太需要花费我精力的。

我见过一些不会拒绝的人花了大量精力去社交和应酬，产生不了多少意义和价值，都只是维持在表面关系。这种情况的背后可能隐藏了一些心理因素：比如他自己很害怕被拒绝，所以不敢拒绝别人。还有一些人在关系中有太多被认同和被看见的需求，一直向外求。还有一些人，情绪管理不太好，需要定期和朋友吐槽一下。这几种情况在人际关系中会消耗比较多的精力。

给对方需要的资源

社交本是一种资源的投入和付出。所以在社交中重要的一点是要知己知彼，了解供需关系，避免别人需要香蕉你却给了苹果的情况。

对于核心关系中的伴侣、孩子、父母、密友，他们需要更多的是情绪能量，所以要优先给他们提供情绪价值。之前在和妈妈的相处过程中，我就搞错了供需关系，经常是事倍功半。我以为对我妈妈的孝顺，就是看到一些好吃的、好喝的、漂亮衣服都买给她，我还经常告诉她，怎么吃才健康，怎么做才正确。但是我妈妈并不开心。有时候她给我打电话，我问她有事吗，她又说不出什么事儿，以前我习惯动用我工作时候的思维模式，即解决问题的模式，总想为她解决个什么问题。后来我才意识到，我妈妈想要的是被关注、被看见，想让我听她说说话。后来我学着好好听她说话，逗她开心，我妈妈就特别满意，我们的关系也亲密了很多。在跟朋友的社交关系中，我也犯过类似的错。当时我的闺蜜跟我说，她要上班，要接送两个孩子，还要照顾生病的婆婆。我一听，马上想到请我妈妈去帮忙照顾一下孩子，然而我闺蜜说什么都不接受。后面我才想明白，原来我的闺蜜只需要我的陪伴和倾听，她需要的是情绪价值，而不是给建议。这是我近两年来特别深的一个感悟，我们要搞清楚对方需要的是什么价值，而不是你理所当然以为的。

对于商业伙伴，他们需要的是信息、人脉、金钱等资源。对于人生导师，可能需要我付费，或者做一些力所能及的事情，除此之外，最好还能给一些自己学习后的结果反馈。对于朋友，我也以提供情绪能量为主。对于保持距离的人和不需要认识的人，按自己的意愿处理就好。

关系的调整

没有人的人际关系是一成不变的，所以关系层级也会调整。也许过了一段时间，你会发现某个朋友可以升级为你的核心关系，甚至是在某个节点产生了供需关系，就变成了你的商业伙伴。还有的时候，需要保持距离的人却在一些机缘巧合的情况下产生了共鸣升级成了你的朋友，这些都有可能。我觉得人生有一些是可以掌控的，还有一些是随机的。你可以根据这些关系整理的框架，以及自己的认知和需求进行调整。基本上我每年都会去梳理一下，然后根据他们跟我的关系和需求进行精力的投放。

为社交做减法

其实生活中的很多人际关系是可以直接舍掉的，我会梳理出一些自己的取舍原则。领导力专家、《纽约时报》畅销书作者亨利·克劳德（Henry Cloud）博士在《他人的力量：如何寻求受益一生的人际关系》⊖中提到，"真正的连接关系是能够让你成为完整的自我，最终成为真实的自我，能够调动你的心脏、思想、灵魂和热情。"这句话对我触动很大，我很看重关系中彼此之间是否真诚，这个人是否靠谱，彼此能否关怀、支持和滋养。如果做不到真诚这一点，我可能就会降级与他的关系。

对于生活中的一些社交，我也有自己的原则，比如对于一些商业聚会，我会问自己几个问题：

（1）我自己可以收获什么？有想要结交的人吗？

（2）不去会有什么损失吗？

（3）这种聚会下次还有吗？

我会根据以上三个方面去判断我是否要参加这场聚会。

对于放松娱乐性的、需要情绪能量的聚会，我会问这几个问题：

（1）这个人是我的闺蜜，还是需要保持距离的朋友？

（2）这个时间我还有什么更重要、更着急的事吗？

（3）我要付出什么成本，我愿意付出吗？

（4）这个聚会好玩吗，我有兴趣吗？

上面是我自己对一些聚会的取舍原则，其实每个人的需求

⊖ 《他人的力量：如何寻求受益一生的人际关系》，［美］亨利·克劳德（Henry Cloud），机械工业出版社，2017。

和喜好都不同，你也可以梳理属于你自己的原则。

关系的维护

对于我的核心关系和重要关系，我制作了一个人际关系管理表格（见表 7-1），记录着这些人的重要信息。我不再需要用大脑去刻意记忆，既方便关系的维护，又节省了精力。

表 7-1　人际关系管理表

姓名 & 微信号码	通讯地址	分类	认识渠道	兴趣爱好/需求	生日（农历，公历）	可提供的资源	备注

对于人际关系我们也可以精准分类，根据重要程度来决定投放多少精力、提供什么价值。如此，你给到真正重要的人足够的关注，也减少了非必要社交的精力浪费。期待你梳理出自己的五类人际关系名单，他们需要多少精力投入，以及提供什么价值？

本章小结

管理精力不仅要提升精力容量，更要管理精力出口，然而我们花了大量精力在追逐自己并不需要的东西上。这一章，我们通过为自己的环境、信息、人际关系做减法，减少无意义的精力投放，把有限的精力放到那些我们真正需要的地方。

1. 做减法的过程，也是一个认识自己并把生活重心转移到自己身上的过程，通过整理和做减法，我们的内心会更有秩序感，压力变少，幸福感提升。

2. 我们需要后天的极简思维来对抗不断变混乱的生活，才不至于让混乱的事物消耗我们的精力。

3. 一个有利于精力的环境：第一，保持通风，有足够多的氧气以及充足的日照。第二，足够干净整洁，并且让物品都有固定的存放位置。

4. 外界环境的秩序和我们的内心秩序是相辅相成的。当外界环境越来越整洁的时候，你的内心也会慢慢建立起秩序。

5. 建立有序环境的第一步是先放下无限的物质欲望，减少物质的囤积和购买。

6. 在消费前问自己几个问题，以减少冲动消费：

（1）这个东西我真的需要吗？

（2）这个东西我真的喜欢吗？

（3）它的使用场景和频率如何？

（4）我现在有可替代的产品吗？

7. 整理物品的关键，在于为自己的物品找一个"家"，每次用完要及时归位。

8. 为了避免抓取过多低价值信息，可以问自己几个问题：

（1）这条信息必要吗？重要吗？喜欢吗？

（2）我已有的资源有可替代或者类似的吗？

（3）它和整体是和谐统一的吗？

（4）它为当前的目标服务吗？

9．给自己的存储信息做个目录并根据目录存放信息，就可以迅速定位找到你需要的文件。

10．邮件可根据 Doing、Pending 、Done 、Information 进行分类和存储。

11．对于手机 App 进行管理，最重要的一点是做到屏蔽信息，把推送信息关掉。

12．我们可以根据使用频率卸载 App、取关公众号。对于手机里的文件、收藏、照片要定期清理。

13．社交也需要进行有层次、有目标的管理，才能精准社交，减少精力消耗。

14．根据重要程度可将人际关系分为五类：核心关系、朋友，想要结识的人、保持距离的人、不需要认识的人。这决定了我们精力投资的优先级。

15．在社交中我们要知己知彼，了解供需关系。对于核心关系中的伴侣、孩子、父母、密友，他们大多需要情绪价值，商业伙伴多需要信息、人脉、金钱等资源价值，朋友也以情绪价值为主。

16．为你的社交梳理原则，减少不必要的社交。对于一些商业聚会，我的原则：

（1）我自己可以收获什么？有想要结交的人吗？

（2）不去会有什么损失吗？

（3）下次还有吗？

对于放松娱乐性的、需要情绪能量的聚会，我的原则：

（1）这个人是我的闺蜜，还是需要保持距离的朋友？

（2）这个时间我还有什么更重要、更着急的事吗？

（3）我要付出什么成本，我愿意付出吗？

（4）这个聚会好玩吗，我有兴趣吗？

17. 建议制作一个人脉关系表格，方便维护关系并且节省精力。

了不起的精力管
理：打败疲惫、
焦虑和压力

第 8 章
精力管理之习惯篇

8.1　审视习惯

　　在《习惯的力量》[一]中作者提到："我们每天做的大部分选择可能会让人觉得是深思熟虑决策的结果，其实并非如此。人每天的活动中，有超过40%是习惯的产物，而不是自己主动做出的决定。习惯是我们刻意或深思后而做出的选择，即使过了一段时间不再思考却仍继续、往往每天都在做的行为。这是我们神经系统的自然反应。习惯成形后，我们的大脑进入省力模式，不再全心全意地参与决策过程，所以除非你刻意对抗某个习惯，或是意识到其他新习惯的存在，否则该行为模式会自然而然地启动。"也正因为如此，习惯在精力管理中尤其重要，无论是饮食、运动、睡眠、呼吸、做计划、设目标，这些都需要一个个好习惯做基石。没有养成习惯，靠自律和意志力是难以维系长期正确的行为的，而一旦拥有了好习惯，我们可以不费力地延续好行为，让效果事半功倍。

　　然而，我们在过往的岁月里已经不知不觉形成了太多的习惯，它们变成了我们的"一键导航模式"，引领我们走向某个

　　[一]　《习惯的力量》，[美] 查尔斯·都希格（Charles Duhigg），中信出版社，2013 年。

地方。可是这些模式真的是我们想要的吗？那个地方真的是我们理想的目的地吗？从精力管理的角度，这些习惯可以帮我们提升精力水平、减少精力损耗吗？这些都有待考察。所以，想要用习惯来成就我们，第一件事就是审视你的习惯。

发现你的习惯

我会通过长时间地记录时间日志，列出我的一些重复性行为，比如：

早上起床先喝一杯温水；

起床 7 小时后午休一下（如果超过下午 3 点就不睡了）；

每天冥想或者静坐 30 分钟；

周日晚上下课熬夜看小说或者点外卖（不是真的身体上的饿，只是头脑上馋）；

从健身房出来喝奶茶。

或许你没办法一下子列出来很多习惯，这是一个需要给自己时间慢慢发现的过程。经过一段时间的记录，你会逐步看到自己的很多习惯。比如，我在复盘时间日志的时候发现，有几天早上忙着回微信信息，没能完成我的写作任务，原因是我忘记退出微信登录，一看到微信消息，注意力就被牵着走了，然后不知不觉被淹没在信息里。后来我刻意去改了这个习惯，在没有完成最重要的任务之前，不处理任何信息，尤其注意手机离开办公桌，以及检查电脑微信是否退出。

我还有一些习惯是通过记账发现的。原来在澳大利亚的时候，我发现自己 2 月、6 月、10 月的花销都非常惊人。仔细一看，钱都去了日本代购、法国代购那里。分析后发现，原来这3个月是我的考试月，压力一大就容易刷手机，人在极其疲惫的时候是没有太多理性的，于是我就冲动地买买买。

有些习惯不是我自己发现，而是别人帮我发现的。有学员跟我说，自己晚上躺在床上就会一直刷手机，一刷就停不下来。而我的习惯是手机不带进卧室，晚上睡觉之前我都会把手机留在客厅，也就不存在躺床上刷手机停不下来的习惯。我还发现，我吃饭永远比别人慢，这个也是和朋友相处的时候发现的。因为我细嚼慢咽，很少有吃撑的时候。说来惭愧，小时候我们家在客厅吃饭，正好可以看电视。平时我是不被允许看电视的，于是这个时候就故意慢慢吃，拉长战线，这样就可以多看会儿电视剧了。长此以往，吃饭细嚼慢咽的习惯就这么养成了。

基本上，我发现自己的习惯的方式主要有上面两种，一是研究自己，通过对自己的时间、金钱记录和观察自己的行为来审视习惯。二是通过比较和别人的不同，来发现自己的习惯。当别人好奇地问我，Luna 你为啥×××？基本就代表你和别人有不一样的地方。这样你就可以慢慢梳理出来自己的习惯。

审视习惯是否保留

发现习惯之后，我们要去审视是要继续保留它还是有必要去修正它？我会问自己3个问题：

它为我的长期目标服务吗？

它在当下还适用吗？

它有助于我提升精力水平或者提升精力使用效率吗？

举个例子，我有定期断舍离的习惯，也就是每月会拿出一两天时间把身边不需要的东西处理掉。这个习惯为我的长期目标服务吗？有助于我的精力提升或者精力使用效率吗？答案都是肯定的。把不需要的东西及时清理掉，可以让我的周边环境变好，有助于我的身心健康，也有利于精力的回收。那么它在当下还适用吗？不适用。因为最近我跟爸妈一起住，他们一辈子节俭惯了，看我把还很新的东西拿出去，血压都升高了，一边教训我一边把东西捡回来。我白花了力气还惹爸妈不高兴，干脆暂时放下这个习惯。

你可以通过表 8 - 1 来依次审视你的习惯。

表 8 - 1　习惯检阅表

类型	内容	它为我的长期目标服务的吗？	它在当下还适用吗？	它有助于我提升精力水平或者提升精力使用效率吗？	保留还是修正？
工作习惯	例：早上到办公室先刷一会儿手机	否	否	否	修正
生活习惯	例：醒来喝一杯水	是	是	是	保留

心理学之父威廉·詹姆斯说："我们的一生，不过是习惯的综合。"奥斯卡·王尔德说："最初是我们养成习惯，后来是习惯造就我们。"所以，去审视你的习惯吧，让好习惯留下来塑造你美好的人生。

8.2 废弃习惯

习惯是人们长时间养成的生活方式和行为方式，它决定了我们做事的基本方法，优秀的人都有一连串的好习惯，无论是健康、工作，还是交友和生活。而坏习惯则成为你"成事儿"的绊脚石，就如威廉·莎士比亚所说："不良的习惯会随时阻碍你走向成名、获利和享乐的路上。"当我们察觉到自己的坏习惯，就要去废弃坏习惯。但是我们不得不承认，习惯是非常"牢固"的，废弃它们需要一些策略和方法。

在上一节审视习惯部分，我们梳理了自己的日常习惯，这里要挑选出来你想废弃的习惯。比如我想要废弃的习惯：

【习惯1】周日晚上下课后熬夜看小说，或者"心理饿"想点外卖（不利于健康，不想要）

【习惯2】从健身房出来回家的路上喝奶茶（不利于健康，不想要）

【习惯3】偶尔电脑没有把微信退出的时候会一心多用，做不到专注（不节约精力，不想要）

【习惯4】早上起床看了手机开始处理微信里面的事情，没有先完成三只青蛙（没有把最重要的事按计划放在最好的精力时段，不想要）。

福格行为模型

如何去废弃这些习惯呢？我们首先看一下人类的行为模型，其中让我受益最大的就是福格行为模型，它以斯坦福说服力科技实验室主任福格博士（B. J. Fogg）命名。福格行为模型认为，一种行为得以发生，首先要有进行此行为的动机和操作此行为的能力。如果有充足的动机和能力来施行既定行为，它们就会在被诱导/触发时进行。

福格说人的行为由动机、能力和触发条件这三要素组成，三个要素同时都满足时行为才会发生，用一个等式来简化就是 B = MAT，其中 B 是 Behavior 行为，M 是 Motivation 动机，A 是 Ability 能力，T 是 Triggers 触发。习惯就是多次重复调用的行为，对照这个模型，我们让行为难以发生，久而久之，习惯就被废弃了。

下面对照着福格行为模型来逐个看我想要废弃的习惯。

【习惯 1】一般连续 3 周工作没休息，等周日晚上我给学员上完课，就忍不住去熬夜看小说或者想点个外卖。我之所以这个时候熬夜看小说或者想吃东西，是因为这个时候我很疲惫，我想通过看手机和自己待一会儿，这是一种对外界无声的对抗。同时，疲惫时内心缺乏能量，就想吃东西补充能量，其实这不是我的身体需要能量，而是我的心理需要能量。所以，在这个行为习惯里面，"想独处和补充内心能量"就是我的动机。针对这个动机，看小说和点外卖都是非常容易的，即能力门槛极低。事实上，你去分析自己大部分要废弃的习惯，都是不需要调用任何能力的。而"疲惫，内心缺乏能量"就是触发器。

分析完了动机、能力和触发器，我怎么调整才能废弃这个习惯呢？我主要是避免触发器和动机的产生。所以我如果已经连续工作了3周，我会在第20天（即周六）时休息。周六休息一整天后，我周日晚上讲课时没有了那种疲惫感，这种行为也就不会发生了。

【习惯2】我之所以每次健身后都想喝奶茶，是因为这个私教训练强度大，每次健身之后我都被"虐"到筋疲力尽。当我的意志力、精力不足时，就本能地想要吃点糖补充能量，对高能量的东西完全没有抵抗力，而奶茶店刚好就在我回家的必经之路上。

这种行为的动机跟上一个习惯是类似的，也是因为健身后很疲惫想补充内心能量。那触发器是什么呢？是我回家的时候刚好路过这家奶茶店，如果我看不到奶茶店，其实也想不起来要买。于是，我就对"触发器"做了调整，即更换了路线。以前之所以选择走这条路，是因为健身完正好去这里的华人区买菜，又因为担心蔬菜在车的后备厢里坏掉还刻意等健完身再买。后来我改成在健身之前去买菜，怕菜烂掉就在后备厢准备了一个小冰箱。当我不再路过奶茶店，这个习惯就被废弃了。

【习惯 3】偶尔忘记把电脑上的微信退出来，导致我工作时很容易分心。对于这个问题很简单，只要把触发器去掉就好了，也就是把微信退出来。但我有时候的确需要用微信做些截图类的工作，后来改成了电脑自带快捷键截图。为了提醒自己不要忘记，我还在电脑旁边贴了个小纸条，上面写着：专注工作时退出微信。

【习惯 4】其实早上看手机这件事是频发的，因为在我早上的动线里，我都要拿出手机看时间，然后不自觉地就看见未读消息。所以触发器是手机微信。后来我又添了一部手机，这样我拥有两部手机，其中一部手机有读书听书的 App，但是没有微信等 App，这部手机是可以带进卧室的。另一部有微信的手机，早上没做完重要的青蛙事件，我不会轻易看它。触发器没了，这个习惯也就改了。

以上是我废弃习惯的流程的拆解。总体思路是，我能不能把动机去掉？我能不能把触发器避免？还有我能不能在触发之前给自己一个提醒，比如在行为频发的场景贴个小纸条？这是废弃习惯的一个大的底层逻辑。

引发一个行为有三个重要因素，分别是动机、触发器和能力。我们从避开动机、避开触发器以及改变能力等方面做起，就可以很好地废弃坏习惯。你有什么要废弃的习惯呢？建议列个表并按照福格行为模型拆解出你的策略。

8.3　设计习惯

我们在不断地优化固有习惯的基础上，也会发现和培养新的好习惯。我平时会不断地学习、观察去收集一些好的习惯，把它们迁移到我的身上。我知道习惯造就人生，所以我不会随便把一个习惯就套在自己身上，我会经过甄选，放在自己的习惯库里，然后有计划、有节奏地去培养。

构建你的习惯库

我的习惯一定是服务于我的生命轮的，这些年我深耕的生命轮是事业、健康和自我成长，所以也主要集中在这几个方面"种"习惯：工作习惯、健康习惯和自我成长的习惯。从今年开始，我慢慢意识到社交的重要性，又逐步开始培养社交习惯。

我这些年培养的工作习惯有：积极主动、靠谱、认真仔细、总结模板、理性、尽100%的努力、共赢、以终为始、要事第一、不断更新。

健康习惯：固定作息（冬天早睡晚起 – 冬眠）、午睡、运动、80% 健康饮食、7 分饱、细嚼慢咽、泡脚。

自我成长习惯：阅读、追随名师、知行合一、输出、复盘、克制、先完成最难的那只青蛙、高执行力。

社交：积极主动、诚信诚心、忘我聆听。

财富投资习惯：记账、定期存款。

修身品质类：善良、真诚、尊重他人和自己（包括小孩子）、不贰过、谦卑、乐观、静坐。忌：好为人师、自以为是、对人进行主观判断、严以待人宽以律己等。

建议每个人都按照这个模板来复盘一下，你会发现一件有意思的事：你哪个生命轮有结果，一般这个轮里面沉淀的好习惯会比较多。当然不仅仅是数量，还跟习惯的类型也有关系。假如我是一个销售人员，那我现在的工作应该没有多大的成绩，因为社交是销售的关键能力之一，而我的社交习惯非常少。

平时我会有意识地观察别人的言行，看到别人有好的习惯，就在本子上罗列下来，然后经过筛选放在自己要养成的习惯列表上。慢慢地，我有了一个属于自己的习惯库。我习惯库里的习惯，除了来源于我对周围优秀人的观察，还有一些是通过读书收集到的。比如说我和高老师学习，我发现老师的模板思维特别强大，高老师工作和生活都有模板，甚至连做饭都有模板。所以我打算好好地培养模板思维。最近在线下学习中认识了两个老师也给了我很大的启发。一个是声音教练陈子涵老师，她在待人接物的方面特别温暖，尤其是吃饭的时候很会照顾别人的喜好，端茶倒水的小细节很温暖，而且对任何人都一样。另一个是个人品牌商业顾问特立独行的猪先生，他在看到自己的学员直播的时候，会在群里转发并鼓励大家互帮互助，还会送礼物打赏。他们的行为习惯，给社交弱势的我很大启发。社交中的积极主动也成为我要培养的重要习惯。总之，我会通过学习、社交、观察别人等各种方式，去不断充实自己的习惯数据库。

构建你的精力管理习惯库

其实这本书读到这里，你就可以构建自己的精力管理习惯库了，比如在运动、饮食、睡眠、精力布局等方面，有意识地去拆解成小习惯并培养，表8-2是我的小助理学习精力管理后给自己构建的习惯库，供大家参考。

表8-2　精力管理习惯库

分类	习惯	培养状态
饮食及饮水	细嚼慢咽	已养成
	7分饱	养成中
	蔬菜占比达到1/2	已养成
	上午、下午各加一次零食（水果、坚果、酸奶）	已养成
	早上醒来先喝一杯温水	已养成
	一天至少喝2升白开水	已养成
运动	每周做瑜伽一次，形体训练两次	已养成
	工作间隙小幅运动，转舌头、转手臂	已养成
呼吸	午休后1:4:2呼吸一组	明年
	晚上睡前4-7-8呼吸一组	养成中
睡眠	睡前30分钟不看手机	养成中
	晚上睡前程序：关手机-洗漱-泡脚-关灯-通过感恩提升情绪能量-呼吸	养成中
	中午小憩20分钟左右	已养成
专注度	高精力值工作打番茄钟	已养成
	早上冥想30分钟	已养成

（续）

分类	习惯	培养状态
情绪	晚上感恩日记	已养成
	情绪觉察日记	已养成
	主动安排一件令自己快乐的小事	明年
精力布局	提前一晚做好第二天的计划	已养成
	早上先完成最重要的一只青蛙	已养成
	每晚复盘精力投资状况	已养成
做减法	每日断一件物品或者部分信息	已养成

设计你的三层习惯

每年年末，我会根据自己明年的重点生命轮，再结合自己的习惯库，挑选出 3 个习惯来重点培养，有的是全新的习惯，有的则是一些旧有的习惯再做一个提升。比如说我以前知道"改变自己的语言体系"的重要性，平时也有些注意，但没有特别重视。通过今年的学习，我进一步认识到调整语言的重要性。举个例子，当你要买一件昂贵的东西时，你会说"这个东西太贵了"还是"我买得起"？我们的语言系统就是思想和潜意识的出口，而且我们在说话的同时，也是在给自己不断地催眠。所以我明年开始会重点监测自己的语言系统，从 60 分提升到 80 分。

我将习惯分为 3 层，分别是行为习惯、思维习惯和品质习惯。2022 年我的重点生命轮是工作和亲密关系，根据这两个生命轮，我要培养的修身习惯是乐观（品质习惯）、工作社交方面的积极主动（思维习惯），亲密关系上是忘我聆听（行为习惯）。我会花一年的时间，去养成和巩固这三个习惯。通常情况下每层习惯我每年只培养一个，等我把这些习惯巩固好再开始下一个。俗话说"贪多嚼不烂"，对于习惯亦是如此，尤其是思维习惯和品质习惯的养成需要花费更多精力。

当我们每年周而复始地更新迭代自己的习惯，这代表着你的认知、思维和行为的升级，也代表着你将迭代成一个更高版本的自己。

8.4　培养习惯

设计好了习惯，下一步就是把一个好习惯复制粘贴在自己身上。废弃习惯不易，养成好习惯也不简单，这一节我们来讲如何培养一个好习惯。

如何培养一个好习惯

我因为在澳大利亚住了好几年，已经习惯了左侧开车，并且澳大利亚跟国内的交规也是相反的。刚回国那阵，有好几次打车的时候，直接把驾驶员的座位打开了，搞得司机一脸震惊。我想在国内开车，但是发现惯性思维太深了，交通规则、驾驶习惯等，一时很难改过来。

所以，我做的第一件事是先把旧习惯废弃了。首先我不去坐驾驶员或者副驾驶的位置，只坐在后排。因为当我坐在副驾的时候，就是我之前驾驶员的位置，我会自动去看车和红绿灯，也许是因为我出过车祸，对于别人开车没那么高的安全感，所以大脑不受控地停不下来。这样下去的话，我的脑神经回路没办法改变，所以我放弃了坐前面的位置，先把这个脑回路断掉。半年之后，我慢慢习惯了右转不等红绿灯，过马路注意行人等，打算重新在国内练一练车。

　　我在澳大利亚和美国都开了七八年的车了，觉得练一练不成问题，就找了自己的家人陪练，然而这个体验并不是很好。因为家人不是教练，并且他对生命安全非常谨慎，当你做的跟他想的不一样的时候，他会本能地去指责你，在这个过程中，你就会觉得很失败和焦虑。当你被指责的时候，你的注意力就会被负面情绪所稀释，我是一名教练，能很快识别这个模式。当我意识到请家人当教练不是个好办法时，赶紧去找了专业陪练。很幸运的是，这个教练非常专业，知道怎么帮我一步步拆解，也知道如何鼓励和支持我。他了解过我的状态之后帮我拆成了三次课程。第一次是在我家附近一直开，建立手感。第二次，他看我手感不错，就直接去高架桥上开，带我练习变道和预判。第三次，开始教我打方向盘。有了这三次的练习，我慢慢建立了开车的自信，我敢上路了，再带家人出门的时候他也没有那么多指指点点。慢慢地，我养成了右侧开车的习惯。

　　在这个过程中，我认为我做得很智慧的一点是，我先给旧习惯画了个句号。旧习惯和新习惯之间很多时候是冲突的，从旧习惯走到新习惯要面临巨大的鸿沟，所以我先把原来的习惯废弃掉。另一个智慧的点在于我找了专业教练。我们自己很难给自己搭建合适的小台阶，通过借力找别人搭建小台阶，并且给到自己及时反馈要容易得多，一定不要一开始就给自己一个困难模式。总结一下，在建立新习惯的过程中，很重要的几个方面：第一，先废弃旧习惯。第二，有合适的环境，国内的环境是天然的训练场，如果在国外练车，必然会事倍功半。第三，拆解任务，搭建小台阶。第四，拿到正反馈。第五，外力监督。第三、第四和第五点都是通过借力教练达到的，关于第五点的外力监督，在这里看似不明显，主要是因为我自己学习的动力足够强，但对于一些阻力相对大、自身驱动力又不足的习惯培养，比如培养运动习惯，这一点尤为重要。这五点在培养很多习惯的时候都是可以复制的，不一定培养每个习惯都要运用这五点，一般用上两三点就可以达到事半功倍的效果。接下来我会以自己今年要培养的三个习惯为例，进一步拆解如何养成一个好习惯。

乐观心态的培养

我今年要培养的品质习惯是乐观。记得有句话说，"悲观的人容易正确，乐观的人容易成功"。我理解的乐观就是看到事情的"对你有用的、有优势的"一面。但是我并不是那种天生就能看到积极面的人，我是怎么改的呢？废弃旧习惯，即停止抱怨。我发现我所有的"不乐观"都化成了抱怨，也许我不会真的说出来，但是我的内心会有一个抱怨的声音。每当这个声音出来的时候，我就给自己按一个暂停键，然后去思考这个抱怨的对立面。比如，这几天我本来想出来玩儿一下，结果新冠疫情把我困住了，没能回去北京。刚开始我有点烦躁，然后我转念一想，这个城市很清净，没有了外界的干扰，也不认识几个人，正是安静写作的好时机。再比如，我家最近在装修，我父母那一辈人很节俭，他们对价格卡得特别严，甚至为了节约很多东西都要自己采购。我本能地觉得麻烦，但我很快察觉到了积极的一面，这可以帮我节约不少钱，也不失为一件乐事儿啊！

人的大脑天生就是负向思考的，这确实也是很多人的通病。为了更好地培养我的乐观心态，我还给自己下了一剂猛药：每天书写感恩日记。在前面我们提过感恩日记的作用和书写方法，这里不再赘述。

以上就是我培养自己乐观心态的方法：首先，有意识地终结自己抱怨，给旧习惯按个暂停键；其次，我给自己拆解了两个小步骤，一个是每天觉察和反思当天的事情，训练自己的乐观思维，另一个是写感恩日记，去过滤我大脑中积极正向乐观的一面。其实培养乐观心态这件事是在对抗我们的本能，本身是有一些难度的，我并没有给自己定一个宏伟的计划或者是可以量化的目标，而是仅仅设置了很容易执行的小台阶坚持每天去做。刚开始的时候我会忘记，于是我在我的 Luna Calendar（时间管理本）上加了一项：我的乐观，提醒我去反思和觉察。这里还隐藏了一个小技巧，我有每天在 Luna Calendar 上写计划、复盘的习惯，这个习惯坚不可破，被我称为基石习惯。我把新培养的习惯叠加在这个习惯之上，相当于把这个习惯放在了一个必然发生的场景中，帮助这个习惯更好地落地。

社交中的积极主动习惯的培养

我的性格比较内向，积极主动地社交对我的性格而言不是舒适的事，我的本能是被动社交。但这件事对能力的要求并不高，我只要做到去反本能，去行动。首先对于环境，我给自己报名了课程，大家在这个课程上都去积极社交，所以我也很容易被影响。其次，我对主动社交进行了拆解，变成具体可践行的一个个小的行动。

首先是每月至少去线下见一个人。然后在我自己上课学习的社群中，去积极主动地连接三个人，分别是工作人员，一个优质学员，一个我可以帮助的同学。具体方法是给予别人"看见"，从别人那儿学到的好的点，给到别人积极正向的反馈。还有去看别人的作业，点赞、留言，甚至私信反馈。

在工作中今年要做个人品牌，需要直播连麦，所以每个月至少积极主动邀请一个做个人品牌的朋友连麦。这个就是在积极主动方面的习惯养成，因为这个对能力的要求不是很高，所以我培养习惯的过程，就是直接给自己定目标，把它变成一个可量化的、可执行的目标，直接放在我的生活和工作中。定目标、场景化，慢慢地就习惯了。这个阻力虽然没有那么大，但也不在我的性格舒适区内，所以我一般第一年都只给自己定一个小目标，养成一个 60 分的习惯。过几年我再把这个习惯精进成 80 分的习惯。

行为习惯的培养

对家人全然聆听习惯的培养，拆解成最简单的动作，就是我妈妈说话的时候只听不插嘴。其实一开始这对我并不容易，每当听我妈妈东家长西家短的唠叨再加上工作后比较疲惫，我会忍不住想去打断。对此，我给自己拆解了一个小步骤是，妈妈说话的时候，我咬住嘴唇坚决不张嘴，后来慢慢就习惯了。

还有一些同学需要培养运动、细嚼慢咽等行为层的习惯。这类习惯我会怎么设置呢？首先我推崇《微习惯》⊖这本书，也就是设置一个特别小的目标，让自己先动起来。然后我会比别人多做一步，看能不能把这个新培养的习惯和一个旧的习惯连在一起，这样我能确保这个习惯不被忘记。成年人是不需要被教育的，只需要被提醒。我会在场景里面增加提醒，一般就是用小纸条，我家满屋子都是小纸条，最疯狂的时候连我的衣服兜里都是小纸条。比如说我想培养细嚼慢咽的习惯，我会思考我在哪里细嚼慢咽呢？肯定是在有吃的的地方，那么餐桌上，冰箱上，还有零食柜子上，都会有提醒我细嚼慢咽的小纸条，这样我就不会自动进入我本来的习惯模式了。我先塑造一个可

⊖ 《微习惯》，［美］斯蒂芬·盖斯（Stephen Guise），江西人民出版社，2016 年。

以提醒自己大脑的环境，先让大脑记得，然后才是大脑指挥身体的过程。通过这种方式，有些人就可以慢慢养成习惯了。但是有一些人还不行，因为他的大脑指挥不动身体，尤其是反本能的，比如运动。这个时候我还会给自己的习惯上一个保险，也是塑造环境。我可能会约一个小伙伴一起去运动，或者是我进一个社群来约束我自己，或者在这个社群里面担任班长或者小组长来监督自己。这样我就把自己放在了一个不得不动起来的环境，尤其是有的社群是小组评比制度，如果你偷懒会影响整个团队的荣誉。这就是对内提醒大脑，对外监督身体。

以上是我的习惯培养的案例拆解，有对抗思维本能的，有对抗性格本能的，有对抗身体本能的，我通过主动和被动的方式，终结旧习惯，塑造环境，拆解小步骤，拿到正反馈、外界监督等各种方式来帮助自己养成习惯。那么，你有什么要养成的习惯呢？试着给自己列个计划吧！

本章小结

人每天的活动中有超过 40% 是习惯的产物，好习惯是精力管理的"省力诀窍"。在这一章中，我们讲述了审视现有习惯、废除旧习惯，设计以及培养新习惯的整个流程。

1. 如何发现自己的习惯？通过记录时间、金钱以及察觉行为等了解自己习惯；通过比较和别人的不同发现自己的习惯。

2. 这个习惯为我的长期目标服务吗？它在当下还适用吗？

它有助于我提升精力水平或者提升精力使用效率吗？通过这些问题来审视自己的习惯是否需要修正。

3. 人的行为由动机、能力和触发条件三要素组成，三个要素同时都具备时，行为才会发生。

4. 废弃习惯的总体思路：我能不能把动机去掉？我能不能把触发器避免？我能不能在触发之前给自己一个提醒？

5. 习惯造就人生，我不会随便把一个习惯套在自己身上，而是好好甄选，放在自己的习惯库里有计划、有节奏地去培养。

6. 每年我会根据自己的生命轮，挑选 3 个习惯来培养。我将习惯分为 3 种，分别是行为习惯、思维习惯和品质习惯。

7. 把新习惯叠加在旧习惯上，更有助于新习惯的落地。

8. 我们可以通过终结旧习惯、塑造环境、拆解小步骤，拿到正反馈、外界监督等各种方式来帮助自己养成新习惯。

Great
Energy
Management

了不起的精力管
理：打败疲惫、
焦虑和压力

第 9 章

精力管理之模板篇

9.1 建立模板，抄自己的作业

毕业后刚工作时，我把很多工作中的操作流程做成了一个表格，把每一个细节都放在上面，防止自己忘记那些不常用的内容。一个偶然的机会，我把自己的表格发给新人看，我发现她们很容易上手，不会像之前一样教了一遍会忘记，然后反复来问我。现在看来，我从那个时候就有了自己的工作模板，有针对关键内容的思考和全流程拆解图，有为了节约时间的邮件模板，有开会的会议记录模板等。

2017 年，我看了一本书叫《为什么精英都是清单控》[一]，作者宝拉·里佐说："把想法通通下载到清单上，你就能腾出思考力来做决定，并专注在重要的事上，这样你才不会因为细枝末节或者临时冒出的其实根本无关大局的小事分心。"这个时候，我开始有意识地建立一些清单（也算是模板的一种），比如说在饮食、运动等方面。

让我对模板有更多的认识源于 2019 年跟高鸿鹏老师学习。

一 《为什么精英都是清单控》，［美］宝拉·里佐（Paula Rizzo），
湖南文艺出版社，2016 年。

当时老师说了一句话，"其实管理就是清单"。虽然那个时候还没能完完全全地理解，但当时我想，身边这么厉害的人都重视清单和模板，我也要把它放在更重要的位置上，于是开始去建立更多生活中的模板。结果真的像宝拉·里佐所说，很多事情能够自动完成，让你的日子越过越惬意。举个例子，我家的猫对很多东西都过敏，只能吃特定的猫粮，而这种猫粮必须要去特定的网络渠道买，在别的地方很难买到。有的时候会出现猫粮吃完而我又忘记买的情况，猫半夜三更饿得喵喵叫，吵得我也一宿睡不着。后来我开始记录我家猫粮每月的消耗量，在网站上设置每 12 周自动下单一次，再也没出现猫粮断供的情况。

利用模板节省精力

模板不仅给生活带来了便利，我发现它还有更重要的作用。有一天下午我连续接了两个个案咨询，非常疲惫，晚上跟朋友下五子棋的时候我输了。我知道我精力状态好的时候赢率还是比较大的。后面我思考了一下，不对呀，对方也是忙碌地工作了一天，晚上还喝了一点儿酒，精力状态不会比我好，为什么他能赢呢？通过沟通我发现，他的大脑里面是有很多模板的，比如牛阵、闪电阵这些五子棋的模板。他在精力值比较低的情况下，调用模板，而不是调用大脑的精力能量来跟我下棋，我自然就输了。这时候我意识到，模板可以让我们对一些事情的精力需求下降，即有些事情即使在精力值不高的时候，你借助模板也可以有个不错的发挥。当你精力状态好的时候，还可以去调整、创造、优化你的模板。因此模板对于精力管理太重要了，首先它降低了事情对精力的需求，保证我在低精力水平下也有一个稳定的结果。最重要的是，我可以把我最好的精力用来提升和改进这些模板。长此以往，我的结果自然会越来越好。

有了这个认知后，我去看了一下自己的模板数据库。果真，模板越多的生命轮结果越好，满意度越高。比如工作、学习、健康这些我重视的生命轮，模板多，结果也好。而生活方面，模板少，就经常犯一些错误，比如做饭烧坏了好几口锅，或者洗衣服染了一桶衣服。洗衣服这种小事，就经常出现小问题。比如有时候晚上洗完衣服直接睡着了，第二天早上起来又继续工作，等我想起来晾衣服的时候，它们已经被遗忘在洗衣机里很久了，不得不再洗一遍。还有的时候，临出门前发现衣服没洗完，等回来后又忘到了九霄云外。还有一次忘了放防染色片，一条红裙子毁了一桶衣服，好几件特别喜欢的衣服不得不忍痛扔掉。后来我总结出了洗衣服流程的模板：

（1）每周三中午 12 点和周日 18:30 洗衣服。因为我周三中午固定有会议或者个案咨询，必定在家。而周日 19:00 有课，也保证在家。每次会议结束或者课程结束我就起身去晾衣服，顺便活动活动筋骨。

（2）洗衣服之前确认有没有掉色的衣服。如何确认一件新衣服是否掉色呢？在第一次洗的时候，我会放入防染色洗衣片，如果洗完了这张纸还是白的，说明不褪色。

（3）检查衣服口袋里面有没有东西。

（4）最后放洗衣液 + 柔顺剂（毛巾类，棉质类，内搭）/ 衣物消毒液（外衣，裤子，非真丝类床单被罩等）。

除了有一个电子版的流程，我还会做一个小便签直接贴在洗衣机上。因为刚开始总会忘记，等过一阵子我养成习惯了，这张小纸条就可以扔掉了。

其实建立模板的过程，也是一个抄作业的过程，有了模板我相当于在抄自己的作业，而不是每次都做新的作业。如果不去总结模板，生活中很多事情都要重新思考，消耗大脑能量。精力状态不好的状态下就很容易忽略了其中的某一项，比如洗衣服的时候忘记放防染色纸这种事情。有了模板小条，就可以对着抄作业了。毕竟人生是一场开卷考试，看到别人做得好的地方或者不同之处，可以修改自己的"小抄"，提升自己的模板的竞争力，让自己赢在算法上。

如何建立模板

我们如何在生活和工作的各个方面建立模板呢？

如果遇到一件我从没有做过的事情，我就会去观察别人或者去网络上找资料学习。这两年直播非常火爆，刚开始的时候，我是凭着本能认知去看别的主播怎么直播，了解了直播要提前准备主题、做海报宣传等，但是具体什么时候宣传我是没有概念的。随着我的学习，我的模板里就规定海报宣传要提前 72 小时，这就是我最初版本的小模板。后来随着自己直播次数的增加，我发现说话两个小时会非常口渴，但是如果频繁喝水又会把口红蹭掉，于是我又提前准备好水杯和吸管，这样喝水的时候就不用担心了。平时我除了直播还要上课，说话久了嗓子会很不舒服，我后来又观察到大家是有收音器的，一方面可以降噪，另一方面还可以更好地呈现音频效果。再后来我跟别的老师连麦的时候，发现人家不仅声音好听，每天直播好几个小时也没像我一样那么累，秘密就是一个话筒，既有收音器的作用，又有扩音器的作用，而不是像我一样完全靠吼。再后来，我发现有的直播间特别热闹，原来人家是有助理的，并且提前准备了一些热场的话术……随着在这个领域里不断践行，我逐步发现了很多细节，把这些细节都加入我的模板中，不断迭代和优化。在这个过程中难免会有一些试错成本，比如夏天直播，如果开空调会有杂音，如果不开空调用手机直播一个小时就会因为过热而关机，我就曾经因为手机过热在直播中间被迫退出过。后来我准备了一个有静音功能的风扇，专门给手机吹风散热。通过这样不断调整和试错，慢慢就形成了一个相对完善的直播模板了。

第二种建立模板的方式是直接高质量借力，比如花钱去买别人的模板。我找一个在领域里比我工作时间更长、有更多经验和结果的人要模板，可以省去我很多摸索的时间。但是要注意一点，别人的模板不一定是可以直接拿来用的，因为别人的环境肯定跟你的会有区别。那我要怎么做呢？我会去看他的背景条件是什么，比如我的老师做直播预约很简单，只需要直播前把链接扔进自己的粉丝群就会有很大的流量。因为他本身影响力非常大，且有自己庞大的粉丝群，但是这对我就不适用，我没有建过粉丝群，也没那么大的影响力，有时候需要去一些社群里提前邀请大家才能获得足够多的关注。所以，对于别人给的模板，你要调整、删减和试错，变成自己的模板。高质量借力的方式，可以帮你省掉很多试错成本。

很多时候我们都把自己的生活过成了一系列随机事件，但其实很多事都可以遵循流程和模板，通过不断积累和优化你的模板，可以帮你节省精力，还会带给你明显的进步，带给你意想不到的机会。去梳理自己生活、工作中的模板吧，它们会帮你在各种状况下都能给出一份不错的答卷！

9.2 赢在决策上

很多网站的大促销都在半夜 12 点开始，为什么呢？因为心理学家发现，决策者在连续做出大量决策之后会出现决策能力下降的现象，我们称之为决策疲劳。决策疲劳会扭曲一个人的判断力。这个时候你在做判断的时候，自身能量已经很低了，但是它并不像身体信号那么明显，很容易被你忽略。当我们出现决策疲劳的时候，大脑会自动想寻找捷径，降低决策难度。而这条捷径，就是鲁莽决策，依靠本能采取行动，而不是花费精力动用理智去考虑后果。这个时候，冲动消费是非常常见的。

除了冲动消费，还有一种情况是消极或者保守决策，甚至是延缓决策。也就是拖延时间，不做决定，来缓解决策给自己带来的精神压力。然而，虽然你暂时没有决策，但是你心里一直在惦记这件事，也就是它还在大脑后台运行着，无形中消耗着你的精力。举个例子，你想买一个包，但是对于价格、款式有犹豫，虽然说在工作，但是脑子里一直时不时飘出来：到底买不买？要不要等等优惠价格？

因此，决策是非常耗能的。那么如何让决策更简单一些，减少决策疲劳呢？我们可以提前建立一些决策的公式，也就是"决策模板"。这样我们在决策的时候，就可以把这件事的决策精力需求成本降到最低。当你有了一个决策的模板，就相当于参加了一场开卷考试，可以去"抄"。否则，每次都是闭卷考试，你要绞尽脑汁想答案，在决策疲劳时，就很容易考一个低分。然而，人生中的很多事是没有补考这一说的，很可能一次决策失误直接让你挂科出局。

建立你的决策模板

生活就像是一个巨大的贩卖场，各种选择陈列得琳琅满目，小到你每天吃什么食物，听什么音乐，看什么书籍，大到在哪个城市定居，从事什么工作，选择什么样的生活方式，集合起来就是你的人生。所有选择的累加结果，决定了你生命的模样。

选择很重要，但选择也不容易，人们经常在这些大大小小的事情上"纠结"，比如有些人点个外卖都要纠结 15 甚至 30 分钟，或者你明明不想参加一个应酬，但又担心伤了别人的面子而犹豫半天。我们在各种选择中纠结、犹豫，耗费了大量的精力成本。当我们提前为工作生活中常见的高频场景准备好决策模板，事情发生的时候直接调用，可以省去大量的时间和精力。

民以食为天，我们从"吃饭"这件足够日常和高频的事情说起。你是不是有为"今天吃点儿啥"而绞尽脑汁的时候，如果我们建立了决策模板，就可以节省大量的精力成本。

首先，我的日常饮食是相对固定的，每天吃的东西基本进行一些替换和轮换就可以了。

早上：果蔬汁，鸡蛋，芝麻糊，牛奶，麦片等。

中午：肉＋青菜，比如煎三文鱼、牛排，烤羊排等，加点蘑菇、蔬菜、水果。中午很少吃精致碳水类，比如米饭、面条等。

晚饭：家常炒菜，杂粮粥，味增汤煮菜等。晚上会吃一些碳水，但是如果晚上要有高脑力工作则绝对不会吃面条之类的食物。

家里还准备了一些家常菜的清单，每天可以在里面挑选一两个。或者你想进一步降低决策成本，可以提前安排好一周的菜谱。

其次，我有一些时候是点外卖的。那什么时候点，什么时候不点呢？我给自己定了一个原则：一周点外卖要少于3次。优先点外卖的时间点是生理期，其次是做长时间的个案咨询。特殊情况下我可以超出3次，比如偶尔会有一些饭局，这个不是我能完全控制的。点什么外卖我也是有模板的，如果是我自己点，我平时收集了一些适合一个人吃的餐厅，直接在里面选择就可以了。如果有案主来做个案的时候需要点外卖，我会尽量点一些清淡的，因为大多数人做完个案后是非常疲惫的，不适合肠胃负担过重。但如果案主来自四川、江西这些地方，从小吃辣，那我会询问对方意愿，适当选一些辣的食物。

除了在家吃饭和点外卖有决策模板，在外点餐也是可以有模板的。我刚做助理的时候，每次跟老板出去吃饭负责点菜都很头疼。为了点好菜，一开始我把公司周围所有的餐厅都吃了一遍，谁家菜量大，谁家口味好，都做了记录。但是这种方式成本太高了，并且一旦跑出公司周边，我这套方法就失效了，从那个时候我就开始探索点菜的模板。那时候我会观察一个菜的"回筷率"，如果说一个菜最早被光盘，我就会用心地记录一下，甚至某个人这是第几次吃这个菜，我都会观察和记录，所以那个时候吃饭可累了，自己从来都吃不饱。通过不断观察、试错、调整，我总结出来一套"万能模板"，基本可以应对大部分场合。

（1）选址：主要考虑规格和用餐时间。如果规格很重要，就优先选好一点的餐厅，忽略距离，这种情况大部分是晚上。如果是中午的话，大概率是优先考虑距离。

（2）点菜数量：考虑餐厅的菜量大小以及人员组成比例。首先看男女比例，如果男多女少，大概肉菜和素菜的比例是6:4，如果女多男少则会5:5或者4:6。其次看客人喝不喝酒，如果喝的话，会多一点肉和下酒菜。最后看菜量，如果菜量正常，则人均一个菜，如果菜量小就每5个人多加一个菜，如果男士还特别多，会酌情再加一个。

（3）点什么菜：主要靠熟悉的同事推荐，参考大众点评，抄熟客的作业或者问资深的服务员。现在大众点评之类的网站都会列出一些经典菜品，选择这些踩雷的概率会减小。此外，去观察餐厅的人点什么菜，也是一个非常好的方法。例如，上周日我和朋友聚会去了一家新餐厅，我们身边来了4个人，其中的一位男士一落座就迅速点完了菜，我一看就判断出他是这里的熟客，我当时正好还差一个蔬菜，就模仿他点了一个西红柿，结果那个菜真的特别好吃，成为全场最受欢迎的菜品。除了借力熟客，问服务员也是个不错的选择，但是我一般不会问特别年轻的服务员，而是选择比较资深的前厅经理，他们的经验更丰富。

（4）个性化选择：主要考虑地域和季节差异、口味和咸淡等。在地域上，一般东北这些区域的人口味偏咸，南方人喜欢喝汤。我还会适当考虑客人的性格，有一些人比较喜欢尝鲜和猎奇，那么我会点一些比较新奇的、他没吃过的菜。夏天的话凉菜会多一点，冬天会点个汤。如果请外国人吃饭，有不踩雷的三道菜：宫保鸡丁、栗子鸡、麻婆豆腐。另外注意禁忌，有些人不吃动物内脏。

有了这套点菜模板，即使在时间和精力很紧张的情况下，也很少出错。

以上是我自己总结的一些关于"吃"的模板。吃饭是我们生活中最日常不过的小事，也许你吃一次饭只纠结5分钟，但是一天 3 顿饭，一年 365 天，一辈子好几十年，当我们有决策模板可参考的时候，节省下的精力是非常可观的。何况，如果你在其他方面也有类似的模板，那会省下多少精力呢？

做决策的模板

在工作和生活中，我们难免会遇到一些难以决策的事情，这个时候，我也会有一个"决策模板"来帮我做选择。这个模板主要包括三条：

（1）信息收集（信息是否完整，样本数量是否单一）。

（2）决策的逻辑或认知。

（3）可能风险。

拿我回国这件事举个例子，2021 年我第一次申请回国是 4 月 15 号，且买了当天的机票。这中间涉及一个回国申请书，我不太懂这个是不是好批准，于是问了两个刚回过国的朋友。他们都说这个申请非常容易，24 小时内就批复下来了，我当时也没有太当回事。然而当我兴致勃勃到了机场，却被通知未通过审批，直接浪费了一张机票。这是一次决策失败的经历。复盘这件事，第一，我的信息收集是不全面的，我询问了两个人，一个是 60 多岁的老人，她申请的理由是家里有 80 多岁的老母亲要照顾，政府批准了，第二个是学生，拿的学生签证，说自己很想家，并且很快就回来上学，也很快批准了。也就是说，我当时调查的样本单一且不全面，他们的情况都跟我不一样。第二，我不知道澳大利亚政府是如何审批这个申请的，什么条件批准什么条件不批准，我完全没有这个决策逻辑或者认知。第三，当时我对风险考虑不足，忽视了被拒的风险而轻易订了机票。这种风险不仅仅是一张机票的事情，因为当时我已经退了在澳大利亚的车和房子，后面 3 个月处于居无定所的状态，浪费了大量的时间和金钱。

无论如何，申请书被拒这件事情不管是时间还是金钱成本，风险都在我可接受的范围内，但是对于一些风险更高或者说我更看重的事情，我会更谨慎地去决策，比如对于"是否要回国"这件事情。新冠疫情刚开始的时候，我妈妈非常焦虑，想让我回国，其实我自己也在考虑，可心里还是犹豫，毕竟回国的成本非常大，到底是短期回国还是长期回国，我要准备的事情也是完全不一样的。我思考了自己留在澳大利亚最主要的两个目的：教育和医疗。当时我的身体已经完全恢复，医疗对我已经不具有最大吸引力，就剩教育这一个因素了。我已经获得了两个硕士学位，短时间不想再读书，并且当时我还单身，短时间也不会涉及子女的教育问题。工作的话，在哪里对我来说影响都不大。所以长期回国其实是个不错的选择。但我觉得自己的信息收集和认知还不足以让我做出决策，于是我去请教了我的导师高老师，问他对国内的经济大环境的预判，他是比较乐观的。然后我又向一稼老师请教了情感问题。当时我 33 岁，是要考虑脱单问题的。我在澳大利亚的脱单阻力很大，相对而言国内可能会好一点。这个过程我称之为"借力 + 对答案"。当我看不清国内的情况时，也没有做决策所需要的信息，高老师的认知、见识、阅历都在我之上。关于脱单，一稼老师对我比较了解，所以和她对个答案。经过和两位老师的探讨，我就做到了心中有数，愉快地决定举家（我和我的猫）回国。

以上是我的决策模板的案例。大家现在就开始建立这个意识，每面临一次选择都去考虑，我为什么这么选择？背后是什么原则指导我做出了这个选择？这个选择真的是最优解吗？当你面临决策的时候，去看自己的信息收集是否全面，是否清楚这件事情的决策逻辑，考虑清楚可能的风险。通过不断的觉察、反思、试错、优化，你会慢慢建立起自己的决策模板，这些模板将覆盖你的工作、生活等人生的方方面面，让你更加省力地做出更优质的决策，活出更有品质的人生。

本章小结

如果说我们在行为上通过习惯来形成"自动化"，减少精力损耗。那么模板就是一种思维上的"自动化"，我们可以在生活中建立一些流程型模板，也可以建立一些决策型模板，帮我们节省大量精力。

1. 模板可以降低事情对精力的需求，保证我们在低精力水平下也有一个稳定的结果，省下的精力还可以进一步提升和改进模板。

2. 建立模板的过程也是在抄作业的过程，有了模板，我们可以抄自己的作业，也可以抄别人的作业。

3. 如何建立模板？我们可以去观察和模仿别人，也可以去直接复制高人的模板，然后在不断试错和调整中建立起自己的模板。

4. 决策是非常耗能的，甚至产生决策疲劳。决策模板可以让我们节省精力且减少决策失误。

5. 如何做决策？我的模板包括3条：第一，信息收集；第二，决策逻辑或认知；第三，可能风险。